El cincel de Dios

José Luis Navajo

El cincel de Dios

Cuando las heridas provocan sanidad y la noche es una inundación de luz

Tyndale House Publishers
Carol Stream, Illinois, EE. UU.

Visite Tyndale en Internet: TyndaleEspanol.com y BibliaNTV.com.

Tyndale y el logotipo de la pluma son marcas registradas de Tyndale House Ministries.

El cincel de Dios: Cuando las heridas provocan sanidad y la noche es una inundación de luz

Originalmente publicado en el 2010 por Ediciones Noufront, con ISBN 978-84-92726-31-8.

Diseño de la portada: produccioneditorial.com

Diseño del interior: produccioneditorial.com

ISBN 978-1-4964-0144-1

Impreso en Estados Unidos de América
Printed in the United States of America

30 29 28 27 26 25 24
11 10 9 8 7 6 5

Hay más respuestas en el cielo
que preguntas en los labios de los hombres.

A. Gide

DEDICATORIA

Dedico este libro a quienes han decidido encontrar
los tesoros que se cobijan en los pliegues de la noche
y a cuantos crean un arco iris levantando el sol
de su sonrisa sobre la lluvia de sus lágrimas.

ÍNDICE

PRÓLOGO

En estos días en los que priman las oportunidades, se ven con éxito las ventas y cualquiera puede escribir un libro, encontrarse con vida plasmada sobre un papel es todo un hallazgo y, sin duda, es algo de agradecer...

Quisiera ante todo advertir al lector de que si ha adquirido este libro para obtener una receta barata o conseguir unas hojas en las que en cinco pasos rápidos encontrará la manera de dejar el dolor, o ha pensado que el contenido de esta "obra" era un puro cuento que alguien escribió para pasar el tiempo y entretenerse un rato, lamento decirle que se ha equivocado.

Si al adquirir este libro usted buscaba soluciones rápidas frente al dolor, le diré que no encontrará otra cosa que un hombre quebrantado detrás de cada párrafo; y precisamente por ser un hombre quebrantado está lejos de buscar el aplauso fácil, el rendimiento contable de lo escrito, tampoco le seduce ser reconocido por los hombres por relatar verdades archisabidas, ni mucho menos la fama, ni otras tantas cosas que se buscan con codicia en nuestros días...

El libro que acaba usted de abrir es un libro que no busca sensacionalismos, es un libro repleto de reflexiones, un libro nacido de una experiencia real; y lo es, sencillamente porque su autor no vive de experiencias prestadas, José Luis escribe lo que vive, vive lo que dice y dice lo que ha sido esculpido en su corazón, sin duda alguna José Luis Navajo conoce bien a Dios. Esto hace que tanto el libro, como el autor sean diferentes.

En su primer libro "Mi mayor legado" me dejó los ojos y el corazón humedecidos por la cercanía de Dios que sentí; mientras que avanzaba en su lectura Dios me abrazó el corazón, me captó la visión y me envolvió con la más alta y digna pasión que un cristiano puede tener: preferir a Dios ante cualquier otra cosa. Fue en este primer libro que encontré frases que se han grabado a fuego en mi corazón.

Cuando leí "Tras la frontera del alma", su segundo libro, me cautivo el lenguaje que usó para traspasar el umbral de mi alma y llegar más profundo; me sentí inspirada por la vida de un niño y a través de sus páginas fui consciente que yo, como cada creyente, podríamos hacer que la iglesia sea lo más parecido al cielo, aunque no sea el cielo todavía, como él mismo dice...

Lo que uno encuentra ahora en cada una de las páginas de "El Cincel De Dios", tercer libro, es un néctar de reflexiones. La experiencia más rica y más madura que un ser humano puede describir ante las horas más intensas de sufrimiento y dolor... y tratándose de describir, José Luis Navajo sabe muy bien como hacerlo, porque su pluma es de acero y a la vez de terciopelo.

Me hago eco de unas de las líneas que el lector encontrará en este libro, y doy gracias a Dios porque la incapacidad del autor ha sido la oportunidad de que usted y yo disfrutemos de esta lectura y al mismo tiempo aprendamos a vivir el dolor.

Recomiendo este libro especialmente a los que estén pasando por oscuridad, desaliento, enfermedad y dolor... pues éste es una valiosa esponja en la que las lágrimas pueden ser enjugadas ya que su autor ha practicado con las suyas propias.

Pero aún cuando no estuviera pasando por las circunstancias antes mencionadas, sin duda también se lo recomiendo, pues en este libro uno encontrará la sabrosa esencia de quien tiene el corazón lleno de riqueza.

¡Gracias José Luis, por amar al Señor como lo haces, porque aunque no te veo en la intimidad de tu corazón, de tu vida, y de tu dolor, en tus horas oscuras dejas un olor tan agradable que puede ser disfrutado por muchos...! ...y éste es mi deseo: que cada palabra, frase, página, cada capitulo de EL CINCEL DE DIOS deje en todos aquellos que lo lean el agradable aroma de Cristo.

José Luis, en nombre de todos aquellos que leerán estas páginas y no podrán jamás decírtelo: GRACIAS POR ESCRIBIR ESTE LIBRO. Por favor sigue escribiendo... Tus reflexiones hacen mucha falta en medio de un mundo donde reflexionar se ha eliminado casi totalmente... sigue escribiendo, por favor."

"EL CINCEL DE DIOS" no puede faltar en la biblioteca de todos aquellos que han entendido que amar a Dios sobre todas las cosas está por encima de todo lo demás, incluso de uno mismo.

"EL CINCEL DE DIOS" es un verdadero manjar espiritual.

Esperanza Suárez Palacios
Locutora. Creadora y directora de programas radiofónicos y actriz de doblaje.

PRÓLOGO DE LOS EDITORES

Uno de los lectores de la primera edición, nos comentaba que el Cincel de Dios es uno de estos libros que hay que tener encima de la mesita de noche. "Habrá noches que leerás un capitulo y otras te quedarás con una frase". No importa, el efecto puede ser el mismo para la persona que lo toma como un bálsamo antes de cerrar sus ojos y descansar. "Por la mañana -nos seguía diciendo este lector- me viene a la mente alguna idea de lo que leí al acostarme, y mientras me preparo para salir a trabajar, me conforta en las circunstancias que vivo".

Por supuesto, puedes leerlo en el autobús, en el metro o en cualquier otro lugar aislándote del trasiego que te rodea, pero es un libro para leerlo en el silencio y el recogimiento de tu intimidad. En realidad, más que leerlo hay que paladearlo, como los buenos vinos, para entresacar de su calidad toda la información que los buenos catadores son capaces de descubrir.

"Esperar puede ser el cometido más duro y la más agotadora de las actividades, pero es a la vez, el más efectivo de los trabajos. La urgencia y la precipitación son atajos al fracaso. También en esto nos ayuda la noche, al obligarnos a asumir un ritmo más moderado y prudente." Realmente la labor del cincel es lenta cuando va separando partícula a partícula de la masa original, pero progresivamente, también va conformando un relieve único digno de las manos que lo sostienen y lo trabajan, y aún más digno, de aquella Mente que las dirige.

Ver y experimentar el proceso sabiendo que conduce a un objetivo, es el resultado de la confianza en el Escultor, valorar y aceptar la acción del que conoce y elabora la escultura es la esperanza del que soporta la elaboración. Una y otra refuerzan día tras día la relación de amor entre el autor y su obra. Pues, es necesario que el Autor ame su obra para que le dedique tanto tiempo a realizarla y tenga en cuenta tantos detalles, y a su vez, es necesario que la obra ame a su Autor para recibir de buen grado cada uno de los impactos del cincel.

Si la tentación del lector ha sido leerlo de una sola vez, luego, volverá a recrearse en las sentidas frases, descripciones y reflexiones que el libro contiene. No fue un tiempo mal invertido, fue una aproximación y aperitivo de lo que puede ser más tarde. Lo importante de un libro como éste es su interiorización, para que el espíritu del lector sea enriquecido y pueda mirar con otros ojos las experiencias que la vida le depara y consiga realizar la alquimia de convertir piedras en oro.

Como editores, nos sentimos muy satisfechos de colaborar en la extensión de este valioso testimonio, y ponerlo de nuevo al alcance de todos en una nueva edición para que muchas más personas, puedan deleitarse y nutrirse de las preciosas aportaciones que su autor nos regala.

Sólo nos queda dar las gracias a José Luís Navajo por haber puesto su confianza en nosotros y animar a los que lean estas líneas, a recibir con el corazón, lo que se ha escrito con el corazón, pues es la mejor forma en que un buen mensaje nunca defrauda.

Los editores

PRÓLOGO DEL AUTOR A LA 3ª EDICIÓN

Es con tanta gratitud como alegría que escribo este breve prólogo a la tercera edición, justo cuando EL CINCEL DE DIOS se dispone a dar un salto para situarse en América.

Una sensación, mezcla de muchas, me embarga… entre todas ellas prevalece la emoción.

La experiencia se asemeja a ver partir a un hijo que alcanzó su mayoría de edad y decide recorrer mundo.

Cada libro es un hijo de papel y tinta. Después del CINCEL DE DIOS me nacieron otros siete, pero hay algo que hace a éste único: el parto del CINCEL DE DIOS fue muy doloroso.

Si, esta criatura de pequeño tamaño y minúsculo peso, vio la luz entre severas contracciones y en medio de un dolor que llegó a alcanzar cotas muy elevadas.

La mayoría de sus páginas fueron escritas cuando lo único que podía mover era mi brazo. Pretender un movimiento más audaz era convocar a un dolor que me partía... intentar caminar era imposible...

Así, anclado en una inmovilidad casi absoluta nació este libro.

Cada experiencia relatada surgió al fragor de un certero golpe del Cincel de Dios.

Han sido muchos los testimonios que he recibido de lectores ayudados por este sencillo testimonio, y he dado gracias a Dios al constatar que el sufrimiento de este parto no fue en vano y cada lágrima vertida ha servido para regar un campo donde ahora reverdecen la esperanza y la ilusión.

Acaso sean muchos los que en este momento estén siendo formados por el Cincel de Dios. A todos ellos les digo, desde la más profunda convicción: ni un solo golpe es arbitrario, ni una lágrima inútil, ni una noche infructuosa.

Todo tiene un sentido y forma parte de un proyecto.

Dios jamás desperdicia una pena.

Amanecerá, por fin, y lo comprenderás todo...

Amanecerá, por fin, y volverás a reír.

Sólo me queda agradecer a Ediciones Noufront y su magnífico equipo, por creer en esta humilde criatura de papel y tinta y ayudar con tanto esmero a su alumbramiento.

Agradecerte a ti, querido lector, por invertir en este libro una parte de lo más valioso que tienes… una parte de tu vida: tu tiempo.

Y agradecerte a ti, querido Dios, porque eres quien da sentido a este proyecto.

Por ti y para ti es este servicio… por ti y para ti es este siervo.

José Luis Navajo

"El dolor es el megáfono que Dios utiliza para despertar a un mundo de sordos."

C. S. LEWIS

Querido amigo:

Recibí con gran sorpresa tu encarecida solicitud de que relatara lo que me está sucediendo, y debo confesarte que, durante varios días, me debatí en la duda de si lo más conveniente no seria esperar a que todo concluyera antes de comentarlo con nadie, o si, por el contrario, era mejor hacer a alguien partícipe de los curiosos acontecimientos en los que me estoy viendo implicado.

Esta mañana concluí mi personal litigio con la firme reflexión de que, la mayoría de circunstancias de las que me arrepiento, tienen que ver con cosas que dejé sin hacer, mucho más que con aquellas que hice. Por otro lado, esta experiencia, definitivamente, me está transformando.

Alentado por este hecho y por la posibilidad de que mi testimonio ayude a quienes lo conozcan, es por lo que he tomado un puñado de papeles y me dispongo a ordenar los acontecimientos de los últimos días.

Te anticipo que tal vez te resulte difícil asumir la veracidad de algunos de los hechos que relato. No te preocupes por ello. Disculpa tu falta de fe. También a mí, en ocasiones, me embarga la duda ante lo acontecido.

Créeme, no vale la pena intentar probar si todo ocurrió realmente o fue tan sólo fruto de una fértil imaginación. Mi única aspiración es extraer los jugosos frutos de esta experiencia que está enmendando áreas fundamentales de mi vida.

Veo necesario decirte -por si la narración de los hechos se te antojara una defensa encarnizada del dolor- que soy un defensor militante de la risa. Creo que la vida es, antes que nada y por encima de todo, alegría. Siento profunda simpatía por aquellos que enfrentan la vida con el arma juiciosa de sus carcajadas y sincera admiración por quienes ostentan el altísimo don de provocar en otros la risa incontenible.

Comparto también, absolutamente, la opinión de Leonardo da Vinci, quien dijo que, si fuese posible, se debería hacer reír hasta a los muertos; y soy tentado a asentir la aseveración del Corán cuando dice: "Quien hace reír a sus compañeros merece el Paraíso."

Porque el mundo, estoy convencido de ello, necesita desesperadamente reírse.

Sin embargo me parece injusto desdeñar al dolor porque su rostro sea más oscuro. No seamos racistas del alma.

Que la risa es una efectiva terapia es un hecho que no precisa nuestra defensa; pero que el dolor no aporte remedios exclusivos es un embuste malintencionado que deja sin salvavidas a quienes se debaten en las aguas turbulentas de la aflicción.

Nadie puede librar a los hombres del dolor, dijo Selma Lagerlof y añadió: pero le será perdonado a aquel que haga renacer en ellos el valor para soportarlo.

Tal vez mi testimonio sirva para apaciguar el padecimiento de quienes enfrentan el dolor sin encontrar en él ningún sentido; porque no es el dolor lo que más padecimiento infringe. El auténtico martirio radica en la sinrazón del sufrimiento.

Me encomiendo a Dios al comenzar la tarea. No estoy muy seguro de poder hacerlo bien; ni siquiera estoy del todo seguro de querer hacerlo, pero supongo que ya es tarde. Ya me senté ante estas hojas en blanco, dispuesto a volcar en ellas mi mente y a emborronarlas luego con mi alma.

Te recuerdo que será tuya la culpa de que, en su día, recibas este testimonio acerca de los sorprendentes hechos que ahora estoy viviendo.

PRELUDIO

Hoy, por fin, puedo caminar; aunque no estoy seguro de que mis tímidos movimientos merezcan tal calificativo. Recorro el pasillo de casa con pasos cortísimos, como si resbalara despacito por el suelo.

Sonrío, casi inconscientemente, al recordar la frase -no sé quién me la citó o si alguien lo hizo- "Canas y dientes son accidentes, arrastrar los pies vejez ya es". Y sigo sonriendo -ahora con plena consciencia- al observar en el espejo del pasillo la lentitud con la que arrastro mis averiados y relucientes cuarenta años.

Me detengo, al reparar en mi sonrisa, y emocionado comienzo a valorar los dos valiosos tesoros que en esta clara mañana de finales de Noviembre he recuperado: un movimiento apenas perceptible y una sonrisa tenue y nada deslumbradora; pero son logros gigantescos al compararlos con la absoluta inmovilidad que en días pasados atenazaba mi cuerpo y la espesa lona de desaliento que me asfixiaba. (Pocos días atrás, al intentar incorporarme, el dolor me produjo una arcada que me llenó de amargura la boca y de abatimiento el ánimo).

Reanudo mi sigiloso paso hasta que una aguda punzada en diversas partes de mi pierna -como un alfiler hincado, pero mucho más grueso-, me advierte que, por hoy, he caminado suficiente; así que me deslizo lentamente al dormitorio.

El breve paseo ha sido, sin embargo, tan reconfortante como una larga caminata entre los pinos.

El sol, suave como un terciopelo dorado, entra por la ventana y alegra mi habitación. Me recuesto en la cama y dejo que sus cálidos rayos envuelvan mi cuerpo y calen mi alma. Así, cierro mis ojos, para que desde este claro mediodía mi mente me traslade a la tenebrosa medianoche de la que apenas estoy saliendo.

CUANDO EL ALMA DUELE

"Quien sabe de dolor, todo lo sabe."

Dante Alighieri

En la oscuridad de mi particular noche, he experimentado que el dolor puede alcanzar cotas muy elevadas y he comprobado, además, que no es sólo el cuerpo lo que sufre bajo la sacudida de su látigo: el alma puede doler, y mucho.

El dolor del alma es engañoso. Asoma, casi inocente, por la mañana y se acerca, amenazador, al palidecer la tarde, pero es cuando el día definitivamente abate sus cortinas cuando esa tortura se despereza y se alza como un feroz gigante que aprieta sus garras en torno al corazón.

Lo peor es que no hay medicina para el dolor del alma... ni solución intravenosa, ni de ingestión oral. Ningún fármaco lo alivia.

Ahora, recostado aún, con mis párpados cerrados y traslúcidos por el reconfortante sol, hago memoria, y me estremece el recuerdo... Tiemblo al rememorar las últimas noches, cuyas horas se tornaron perezosas hasta adquirir una longitud extraordinaria, e insufrible también.

Una de ellas es la que ahora revivo...

Evitando casi respirar para no interrumpir el escaso y frágil descanso de mi esposa, pero incapaz de tolerar por más tiempo la cruel inmovilidad de la noche, decidí enfrentar de una vez la longitud de las tinieblas que tenía aún por delante y extendí la mano buscando mis gafas. El mensaje del reloj fue despiadado, tan sólo eran la una y media de la madrugada... demasiadas horas de oscuridad frente a mí; y por detrás... ¿Cuánta noche cargaba a mis espaldas? Ya había perdido la cuenta.

Resignado, devolví las gafas a su lugar e intenté acomodar la dolorida pierna sobre las almohadas. Otra cosa seria acomodar el alma, porque era ésta, y no la malograda extremidad inferior, lo que más dolía.

El silencio, tan sólo matizado por la respiración profunda de mi esposa, me incitó al recuerdo. Un estremecimiento recorrió mi cuerpo al revivir los acontecimientos de los últimos días:

Aquella tarde el nervio ciático me había brindado su más brutal saludo. La punzada atroz me paralizó en mitad de la calle haciéndome gemir casi con desesperación. El transporte hasta el hogar fue tortuoso y humillante. Siguieron seis horas de angustiosa espera, aguardando a que el desbordado servicio médico de urgencias extrajese del bombo de la suerte la papeleta con mi nombre...

- Revivo con emoción la imagen de mi cuerpo caído, y mis tres dulces mujeres, mis tres baluartes, rodeándome con cariño, besándome con ternura y atenuando con sus caricias el dolor que me rompía. Las palabras del poeta acudieron a mi mente: *Es buena una mano, una mano que se coge y se aprieta*- Luego, entrada la madrugada, el veloz trayecto en la ambulancia, y ya en el hospital, el tratamiento de choque para atenuar el dolor.

A eso le siguieron varios días de inmovilidad casi absoluta, en los que aguardaba con resignada paciencia, no exenta de temor, que las descargas del nervio ciático continuaran su cruel secuencia. Cada hora, aproximadamente, un terrible calambre desgarraba mi pierna, dejándola torcida como un garfio y curvando todo mi cuerpo en una crisis bárbara que se prolongaba por espacio de veinte minutos a media hora. Luego el tormento se hacía a un lado, cediendo su lugar a una frágil y provisional calma. Mi respiración se sosegaba entonces, y mi cuerpo recuperaba, un tímido movimiento.

Así quedaba, acribillado y deshecho.

En ese tiempo, las crisis del cuerpo ya se fueron alternando con las del alma, pues mi ego, inquieto y activo, iba recibiendo serios golpes ante la impuesta inmovilidad. Es difícil permanecer quieto en un mundo que te inyecta en las venas el hábito de la prisa.

Aprendí a temerle a las sombras; sentía miedo cuando el día comenzaba a entornar sus párpados, pues los calambres nocturnos me torturaban de modo especial, aunque no en el cuerpo. La inquietud que usaba como almohada me sumía en una espiral de pensamientos tan angustiosa como inevitable. Pensaba mucho... más de lo que debiera. Lo malo es que al olor del pensamiento acude el recuerdo. ¡Cómo son los recuerdos en esas tempestades! Se convocan todos e invaden la mente que, baja de defensas, sucumbe a su asedio.

Luché en esas noches, con todas mis fuerzas, para que la intolerable y febril actividad de mi mente no afectara al descanso de mi esposa. Duele mucho interrumpir el sueño de la amada al descubrir frente a ella una jornada agobiante en la que sólo podrá reposar para inclinarse sobre ti y posar un beso en tus labios mientras sus manos rozan tu rostro y acarician tu alma. El ritmo vertiginoso de la persona a la que amas, y sobre todo la imposibilidad de atenuarlo, agigantan el calambre de la pierna enferma.

La incapacidad para desplazarme derrumbó mi muro de autosuficiencia al obligarme a asumir una dependencia total hasta para las más íntimas necesidades de mi aseo... Aún los aprietos de los que no es de buen gusto hablar... todo requería asistencia. Todos mis proyectos y cada una de mis actividades, tenían la obligación de ejecutarse en la mínima dimensión de mi lecho. De golpe mi mundo se concretó en el reducido espacio de un colchón.

Lo peor es que sobre una cama el tiempo se ralentiza. La enfermedad es un pesado lastre en las manillas del reloj. Mis opciones no eran muchas. Contar el tiempo, hora por hora, apurando el vaso de la soledad hasta el fondo.

La fuerte medicación fue estableciendo distancia entre los accesos de dolor. Y pude, en esas treguas que el cuerpo me concedía, medir la realidad de que es en la frágil estructura del alma donde se localizan las más sensibles terminaciones nerviosas. Es, inequívocamente, el dolor moral - el sentimiento y la pena que se padece en el ánimo - la cara más cruel del sufrimiento.

Duele, hasta las lágrimas, la premura con que algunos asuntos precisan ser alcanzados y la incapacidad de correr tras ellos con una pierna tullida. Observar la veloz marcha de la vida, desde una celda horizontal a la que te atan grilletes de nervios ciáticos, es una feroz tortura.

Todo sería más fácil si junto a la inmovilidad del cuerpo se nos concediera la de la mente. Pero, como ya he dicho, lejos de ello, el pensamiento adquiere una velocidad sorprendente, y agobiante también. Y, definitivamente, la dificultad adquiere tinte de tragedia cuando decidimos observarla ajustándonos las gafas del pesimismo y vistiendo la agobiante coraza de la autocompasión.

Yo caí en ese error: observar mi vida desde las estribaciones de la autocompasión. Desde allí contemplé el sinuoso recorrido de mis años, enfatizando las lágrimas y minimizando las risas; deteniéndome a inspeccionar, con la inclemente exageración del microscopio, los parajes difíciles, para luego pasar de largo, sin apenas apreciarlas, las verdes dehesas y las cristalinas aguas en las que también fui apacentado.

La altura de mi desgracia me produjo un vértigo mareante. A punto de transformarme en objeto, en vez de sujeto activo, terminé abatido bajo el peso del desaliento.

Mal que bien, fueron pasando los días -las noches parecían no pasar-. Hasta que, llegado el tiempo... en la enésima noche de mi particular desierto. Cuando comenzaba a acostumbrarme a lo que di en llamar la "costosa inutilidad"; cuando la minuciosa labor de marquetería con que había construido mi vida amenazaba con hundirse totalmente...

El cielo descorrió de pronto sus cortinas y abrió las ventanas de par en par.

Sobrecogido, cesé en mi lamento, y el silencio de mi queja permitió que otra voz llegara a mí:

"¡¡En descanso y en reposo estaréis a salvo, en quietud y confianza seréis fortalecidos!!"

Fue una inyección de paz para mi mente desbocada.

Recordé, vagamente, que esas palabras estaban escritas en la Biblia. Alguien me las había mencionado, no sé cuando ni por qué, pero el consejo volvía a mí cuando más lo necesitaba.

Un mensaje que me invitaba a la calma en una sociedad en la que llegar el segundo significa ser el primer perdedor.

La afirmación bíblica parecía una proclamación absurda para un sistema edificado sobre el éxito y la competitividad. Ahora se me recordaba que hay momentos en que tales virtudes, no sólo no cotizan, sino que se convierten en obstáculos.

Era una voz pausada. No urgente... nada apremiante. Las palabras transmitían serenidad y sosiego. Como si nada corriera prisa ni existiera cosa alguna que justificase la ansiedad.

Esa voz seguía fluyendo:

"La tentación más frecuente que te acecha es pretender que algo depende de ti. Demasiado a menudo no me das más opción que paralizarte, y en la postración absoluta es donde, por fin, asumes la única realidad: Sólo Dios es, sólo Dios sabe, sólo Dios puede... Mi poder se perfecciona en la debilidad, no en la fortaleza. En los tiempos de incertidumbre no deberías plantearte los grandes problemas. Las grandes cuestiones se resolverán: no dependen de ti. Guardar silencio y esperar, hacer menos y confiar más, eso es lo que te corresponde. Ya llegará la hora de mi mensaje: no lo precipites. Las maravillas que entonces sucedan no serán cosa tuya. Y comprobarás que yo puedo hacer en 20 minutos más de lo que tú harías en 20 años"

¿Quién me hablaba? ¿Era Dios? ¿Desde cuando el Creador visita la habitación de sus criaturas? Por un momento temí haber perdido la razón; pero aquellas palabras entraban por mis sentidos y se escurrían lentamente, dejando a su paso una estela de paz e impregnándome todo de una dulce quietud. Escucharlas fue como envolverme en sábanas de terciopelo ó sumergirme en un lago de agua cálida, cristalina y sobre todo reposada.

El mensaje penetró como anestesia en mi sistema nervioso central, y mi alma dejó de doler. Lloré a mares, como si no hubiese llorado nunca ó como si me hubiese olvidado hace mucho de llorar, y ahora, de repente, lo recordase a la perfección. Pero eran lágrimas de paz y de alegría irrefrenable.

Ni siquiera el calambre que volvió a desgarrar mi pierna fue capaz de interrumpir ese dulce momento; porque esa voz retornaba, como lluvia pacífica y ligera que fertilizaba mi tierra.

"Lo que más te tortura: tu incapacidad para moverte, es tu gran oportunidad. Hay tramos del camino tan repletos de riquezas, que es una insensatez cruzarlos a la carrera. Es sabio pararse en ellos, rebuscar entre sus piedras, beber en sus manantiales y disfrutar de las bellezas que allí abundan... La prisa, la urgencia, la precipitación... son los enemigos más acérrimos de mis proyectos. No entables amistad con mi rival más peligroso. La vida es una jornada, no una carrera. Cabalgar despacio, con serenidad y mesura, es la manera más segura de llegar pronto."

Un manto de quietud cubrió la bruma de la urgencia y barrió todo vestigio de ansiedad. Una paz densa, casi tangible, me envolvió, sumiéndome en el más feliz de los estados.

Al meditar en esas palabras comprendí mi errónea perspectiva, y observé mi vida y mis circunstancias desde el enfoque adecuado: La cama ya no era un potro de tortura, sino un colchón de fresco y mullido césped. Ni era postración mi estado, ni inutilidad mi condición. Mi extremidad dolorida dejó de ser un estorbo y se tornó en una sublime escala.

La fe resucitada lamió, hasta abatirlos, los cimientos del dolor.

Una frase vieja - oída o tal vez leída - se mecía en la superficie de mi conciencia: 'Los alquimistas añadían la sustancia más negra para tratar de producir la más brillante: el oro.'

Ahora comprendía la alquimia misteriosa que en mi se estaba realizando con el propósito de extraer de lo más negro lo más brillante.

La noche, todavía brumosa, acechaba golpeando con su negrura los cristales. Pero ya no infundía temor. La oscuridad ya no era la enemiga, ni resultaba amenazante. Si se cerraban las cortinas, era un tierno gesto que me invitaba al descanso.

Casi pude sentir que me arropaban y que una mano acariciaba mi cabello cuando las palabras finales se posaron sobre mi mente:

"Descansa y confía. La ansiedad es capaz de mantenerte toda la noche despierto, pero la fe es una magnífica almohada"

Abro los ojos súbitamente, sobresaltado. Sigo recostado, tal y como quedé después del breve paseo.

Las noches sin sueño me traicionan durante el día. Sin darme cuenta, mi reposar se convirtió en dormir y he mezclado sueños y recuerdos.

El sol está muy alto, ha superado ya el límite de mi ventana, pero su luz todavía alegra mi habitación, al igual que el resplandor que desprendía aquella voz - ¿vivida?, ¿soñada? - que tan sabios consejos me ha transmitido.

Nuevamente me incorporo y me deslizo lentamente, con pasos cortísimos, como si resbalara despacito por el suelo. Al enfrentar el pasillo sonrío y detengo mi lenta marcha, pensativo; la incipiente sonrisa se eleva a carcajada cuando considero que, precisamente ahora, anclado en dos piernas tullidas, comienzo a sentirme libre en el enorme sentido de la palabra.

El Néctar de la Reflexión

La noche no es siempre un tropiezo, ni recibe en todos los casos el nombre de tinieblas.

A veces se abaten las cortinas para invitarnos al descanso. Porque desde la quietud y el reposo se coronan elevadas cimas que nunca podrán conquistarse a la carrera.

AMANECE

*"El verdadero dolor, el que nos hace sufrir profundamente,
hace serio y constante hasta al hombre irreflexivo;
incluso los pobres de espíritu se vuelven más inteligentes
después de un gran dolor."*

Fiodor Dostoievski

Gocé de un descanso tan reparador como hacía muchas noches que no disfrutaba. He despertado a las cinco de la mañana y la sensación de paz se mantiene.

La experiencia de ayer fue hermosa: Las palabras escuchadas, las sensaciones vividas... al parecer todo fue un sueño, pero ¡bendito sueño que me ha despertado de una pesadilla! En él he aprendido enormes verdades: No es una cruz estar clavado a una cama... El sufrimiento gratuito sería una incomprensible e imposible maldad del Creador, pero nadie está eximido de padecer dolor, y apurar la copa de hiel es, con frecuencia, condición indispensable para convertirnos en fábrica de miel.

Rememoro alguno de los mensajes que ayer recibí y me emociono. No sé si vuelvo a soñar... pero percibo un susurro:

"El amanecer es uno de mis más bellos milagros, y yo hago cada día uno nuevo para ti. ¿Cuánto hacía que no contemplabas el alba desde el reposo? Y la belleza de mi creación ¿Cuánto hace que no la observas? Mira la naturaleza, no es un almacén de formas y colores, sino algo fresco, tierno, exuberante, que yo he creado para ti."

La voz adquiere luego un matiz de ironía: *"A veces hay que estar cojo para no estar ciego. Es necesario dejar de correr para comenzar a ver y detener la veloz marcha para levantar la vista."*

Miro de nuevo el reloj, y ya son las siete. En mis ojos encharcados danza el alba. Mi ventana es un lienzo donde se mezclan tonos rosas y naranjas, luces que se imponen y sombras que huyen. También dentro de mí se está creando el más bello amanecer.

Mientras contemplo como se ordena el día en mi ventana, reflexiono en la pregunta que hace tiempo me formularon: *¿Cuándo acaba la noche y empieza el día?* Tardé un rato en responder: *Cuando es posible distinguir el rostro de las personas.*

No -Me corrigió mi interlocutor-. *Habrá amanecido cuando en el cielo de tu noche más oscura puedas apreciar luz. Mientras eso no ocurra no se habrá hecho de día en tu corazón.*

Cierro mis ojos y observo mi personal cielo. Decididamente ha amanecido, y bajo la luz de este hermoso día la enfermedad ha dejado de ser un largo y ensombrecido pasillo que me conduce al desaliento, para convertirse en un amplio corredor que desemboca en una cima repleta de oportunidades.

El néctar de la Reflexión

A veces hay que estar cojo para no estar ciego.

Es necesario dejar de correr para comenzar a ver y detener la veloz marcha para levantar la vista.

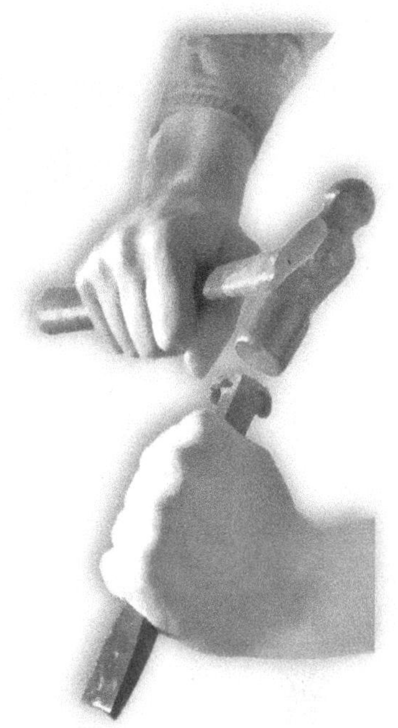

EL VALLE DE LA ESPERA

"Puede ser un héroe lo mismo el que triunfa que el que sucumbe, pero jamás el que abandona el combate."

Thomas Carlyle

Mientras sigo escribiendo -o volcando mi alma sobre el papel-, la exploración clínica y las pruebas de apoyo diagnóstico a las que he sido sometido han certificado la presencia de una voluminosa hernia en el disco intervertebral L5 - S1, que está afectando, hasta estrangularla, a la raíz del nervio espinal. Demasiado bien conozco lo que significan todas esas expresiones especializadas pero incomprensibles. Lo que yo padezco es una -más bien otra- hernia discal.

Esto se traduce en una serie de síntomas, el más notable de los cuáles es un intenso dolor que se irradia desde la zona lumbar hacia las piernas.

Ese dolor se ha convertido en mi más fiel compañía. Un inseparable camarada que me tortura con su lealtad inquebrantable. Todo sería más fácil de no ser porque, en ocasiones, se empeña en estrechar nuestra amistad con un abrazo que me envuelve como una segunda piel, y quema desde las uñas hasta las encías, desde la punta del pelo hasta la planta de los pies.

Hay amores que matan, dijo alguien entendido, y este ferviente cariño casi lo está logrando.

La prescripción médica ha sido cirugía y se ha cursado la orden de ingreso, ahora solo queda esperar, como la noche en que, caído, aguardé largas horas la lentísima llegada de la veloz ambulancia. Será la tercera intervención quirúrgica en tres años. Un record nada codiciable. No es, desde luego, un trofeo que uno anhele lucir en su vitrina.

Lo más difícil, fuera de toda duda, está resultando la espera. Nunca pensé que anhelaría el momento en que rasgarán mi espalda para removerme en lo más íntimo, pero mi paso por el quirófano supondrá, no sólo el cese del dolor, sino también la normalización de mi vida. Por eso esperar es un suplicio; por eso descuelgo el teléfono al primer timbrazo anhelante de escuchar "la feliz noticia de mi ingreso al hospital". Por eso aún las voces más queridas me suenan decepcionantes al no acercarme la ansiada notificación.

Sé como acallar el torturante grito que profiere la hernia: Acudo al cajón habilitado como botiquín y trago las pastillas que actuarán de mordaza en la boca del dolor. Pero en ningún lugar encuentro el poderoso sedante que apacigüe mi impaciencia.

Ayer amanecí apesadumbrado al adivinar frente a mi otro día triste. Todos los días son iguales, todos carecen de relieve... Abrí las ventanas y el entoldado cielo de Diciembre me produjo una sensación de desamparo, aunque el ambiente húmedo, y casi blanco, ya huele a Navidad.

La inactividad me agota. Me abruma la terrible longitud de las horas, la vana superficie de los días, la insoportable quietud de las semanas... Nunca pensé que la vaciedad pudiera pesar tanto.

Con un solemne esfuerzo arrastré mis pies, y detrás de ellos mi alma, para acercarme al ordenador y consultar mi correo electrónico: una de las pocas sorpresas que el día podía deparar: ¿Habría algún mensaje? ¿Quién me diría qué?

Una cálida misiva surgió del frío sistema informático y se posó sobre la pantalla. Su remitente era una persona conocida -y querida también- cuya vida contenía una sucesión de alegrías y tristezas; pero en los últimos años las segundas se habían impuesto y los acordes finales de su interpretación sonaban en tonos menores. Pese a ello su fidelidad y lealtad se habían mostrado inquebrantables. El rigor de la fragua no consiguió sino aguzar su filo, y apretar, aún más, sus pies sobre el camino.

El mensaje que hoy depositó en mi buzón electrónico alumbraba más que la lámpara que, sobre mi escritorio, intentaba combatir la gris apatía de este día que no terminaba de amanecer.

Leí despacio:

"... *Comprendo perfectamente cómo debes sentirte, e incluso lo que, en estos momentos, debes estar pensando.*

Sé lo que es, y sobre todo lo que supone, un periodo largo de inactividad. Sé muy bien los sentimientos que nos embargan durante ese tiempo. Conozco las ideas que pasan por la cabeza y lo reales que pueden llegar a parecer los disparates que uno piensa y siente con respecto a sí mismo.

En los últimos cuatro años he descubierto la turbulencia de los sentimientos que, en ocasiones, parece que nos zarandean como a un barco en medio de la tormenta.

La sensación es muy parecida a estar sumergido en el agua, sin aire para respirar, sin posibilidad ninguna de salir a la superficie y tratando, no obstante, de nadar hacia el exterior con la idea fija de tomar aire nuevo. Luego uno termina agotado y descubre, con dolor, que no podrá, jamás, salir. Pero, a la vez, experimenta el misterioso milagro de desarrollar branquias en el agua, aprendiendo a vivir bajo las circunstancias más extremas.

¿Branquias? ¿Significa eso que uno se está resignando a su suerte? ¿Qué se deja llevar por la corriente? ¿Qué ya no hay, ni tampoco busca, solución a sus dificultades?

De ninguna manera.

Pero nadie puede luchar contra el mar durante una tormenta. Mantener el rumbo es, en ocasiones, simplemente imposible. Pretender trazar una meta, en determinados momentos es algo ilusorio. ¿Hacia donde se puede ir si uno no sabe donde está? No hay estrellas que te permitan fijar tu posición. La brújula no funciona y la radio está estropeada. Todo esfuerzo es inútil. ¿Qué alternativa tengo? La única obvia: Dejarme llevar, mantenerme a la deriva, claudicar de mi puesto de mando y preocuparme tan sólo de que ninguna ola me alcance de costado y me mande al fondo del mar.

A veces la vida se comporta como un mar embravecido en medio del cuál nosotros somos pequeños barcos. Pero he descubierto, incuestionablemente, que esas circunstancias, enfrentadas con optimismo, nos hacen recalar en puertos que jamás alcanzaríamos de ninguna otra manera.

'Confiar y esperar'. Esas son ahora tus posibilidades. Sé, por experiencia, que la espera es la más dura de las actividades. Puede resultar tan agotadora como escalar la más alta montaña, extenuante como una veloz carrera... pero es a la vez fructífera como la siembra más efectiva." (El autor agradece a Juan Carlos Alonso, por arroparle con éste cálido manto en una de las noches más frías de su alma).

El mensaje, que leí cien veces, era terminante. Supuso una caricia sosegada y sosegante.

De nuevo caminé; el alma iba ahora delante de los pies. Sonreí ante la posibilidad de que ángeles hubieran visitado mi correo electrónico… ¡Los seres celestiales incorporándose a las nuevas tecnologías!

Ralph Emerson dijo una gran verdad: *"Abandonar puede tener justificación; abandonarse, no la tiene jamás."* Aprendida la lección, me he propuesto llenar el tiempo de espera. No soportarlo, sino vivirlo. Aprovecharé las digestiones que el dolor hace de su festín de analgésicos, y en su amodorramiento yo me despertaré. Exprimiré esos jugosos momentos y beberé con avidez cada gota de néctar que de ellos se desprenda. Quiero convertir en surco la llaga casi intolerable del arado del dolor y entregarme a la siembra oscura hasta que amanezca.

El néctar de la Reflexión

Esperar puede ser el cometido más duro y la más agotadora de las actividades, pero es, a la vez, el más efectivo de los trabajos. La urgencia y la precipitación son atajos al fracaso. También en esto nos ayuda la noche, al obligarnos a asumir un ritmo más moderado y prudente.

LA APARICIÓN DEL HOMBRE MONTAÑA

"Envejecer es como escalar una gran montaña:
mientras se sube las fuerzas disminuyen,
pero la mirada es más libre,
la vista más amplia y serena."

Ingmar Bergman

He abandonado el valle de la espera. Todavía continúo esperando, pero no ya en un valle. La esperanza, y sobre todo la fe, fueron alas que me hicieron remontar la depresión del camino y la siguiente etapa ha resultado extraordinaria.

Te advierto que tendrás que hacer un esfuerzo para creer lo que a continuación voy a contarte, pero, te lo aseguro, vale la pena que admitas la veracidad de mi relato.

Casi nunca he soñado, pero ahora no hago otra cosa. Los breves sueños que en la noche descabezo están cargados de imágenes, muchas veces inquietantes, que provocan que amanezca más cansado de lo que me acosté; probablemente los medicamentos contribuyen a ello.

Lo que nunca imaginé es que diversos sueños pudieran encadenarse, incorporando todos a un mismo protagonista, pero eso es exactamente lo que está ocurriendo. En noches sucesivas he venido soñando con una misma persona. Se trata de un anciano. Un abuelo de mirada grave y a la vez tierna y bondadosa. Es extraño. He llegado a pensar que todo es un efecto de los potentes analgésicos. Pero la visión y su protagonista no me incomodan, por el contrario, me fascinan.

Jamás he visto un viejo tan joven, ni tan sabio tampoco, pero ahora le veo todas las noches y con él converso en mis sueños.

Desde el primer momento decidí llamarle "El hombre montaña". Son varios los motivos que me llevaron a aplicar a mi interlocutor nocturno -o visión nocturna- tal apelativo: su elevada estatura me sugiere la cúspide predominante de una cordillera; la serenidad y la paz que irradian su sonrisa evocan la reconfortante quietud de las alturas. Esos ojos, en los que siempre danza una lámina de agua, recuerdan a los cielos de las cumbres, casi siempre cubiertos de nubes lluviosas. Pero lo que llamó definitivamente mi atención fue el rostro del anciano, cubierto de profundas arrugas, como una cima rocosa. Son surcos que cruzan las mejillas y corren por los lados de su cuello, hacia abajo.

Sorprendentemente, los pliegues tan marcados le confieren una indecible ternura. Cuando sonríe y las marcas se acentúan, su rostro adquiere un aspecto inocente, casi infantil. Ver esa dulce sonrisa trajo a mi mente las palabras de Gabriel García Márquez, "no dejes de sonreír, ni siquiera cuando estés triste, porque nunca sabes quien se puede enamorar de tu sonrisa."

La primera vez que le soñé fue de lejos y su apariencia era la de un viejo flaco y desgarbado, pero al acercarme pude apreciar que bajo la sábana traslúcida de su cuerpo habita un espíritu rejuvenecido, vital... increíblemente activo.

Su mirada, húmeda, oscura y profunda, bajo dos cejas blancas que se tocan, resplandece siempre, como quien ha visto de cerca el sol y lejos de quedar ciego, se ha contagiado de su luz y ahora la refracta... como quien ha lavado sus ojos mil veces con el colirio irrepetible del río de la vida.

En el primer sueño no mediaron las palabras, sólo sensaciones.

De forma muy borrosa adiviné la presencia de otras personas, -o de otros seres- que observaban de lejos al hombre montaña. Tuve la impresión de que todos le admiraban, y no era para menos, la imponente figura y la evidente autoridad de aquel anciano infundían gran respeto. Pero al mismo tiempo me embargó la convicción de que lo que el viejo irradia no le ha sido otorgado de forma gratuita. Supe que el blanco cabello que corona al hombre montaña es nieve caída en fuertes tempestades, que al tiempo que tapa las cumbres, cada vez más rocosas, de su alma, la envuelven en un manto de inmaculada blancura... de acabada pureza. Y supe a ciencia cierta que de los muchos que le admiran pocos imaginan que bajo el níveo manto, el alma tirita arrecida de frío. ¡Porque es fría, muy fría, la pureza!

Mirándole fijamente quedé atónito al descubrir mensajes grabados en los surcos de su rostro -en la sinrazón de los sueños todo cabe, aún lo ilógico-; extrañado leí uno de ellos:

"La elevada cumbre que muchas mañanas aparece ceñida al cielo, envuelta entre nubes en un silencio sagrado, paga el precio de una, casi absoluta, soledad. Cada vez hay menos águilas que remonten el vuelo a tan excelsas alturas. El que quiera alturas tendrá que comprarlas al precio duro de la soledad."

El viejo sonrió y otra profunda arruga que se extendía desde su ojo derecho hasta la oreja, dejó legible un mensaje:

"Los que miran desde el valle la cumbre blanca y solitaria, no sospechan siquiera el frío y la soledad que allí arriba pesan.

En el valle abundan los árboles y el trino alborozado de los pájaros. Las extensiones fértiles son campo de juego a los animalillos enloquecidos que se sacian de verdor y calman su sed en los rumorosos arroyos que allí discurren. Arriba todo es silencio."

Me acerqué más al hombre montaña y sentí calor; descubrí que dentro de aquella cumbre rocosa, embozada por la helada pureza, seguía bullendo el fuego de lo que siempre ha sido: un volcán, y el calor de sus entrañas licúa el inmaculado manto de nieve que, descendiendo, alimenta los arroyos de la vega. Si, comprendí que los arroyos del valle están hechos del derretimiento de la nieve. Ese descubrimiento me hizo entender el significado del mensaje que contenía un pronunciado pliegue en la parte posterior del cuello del anciano:

"Siempre hay solitarios que en la dura soledad encuentran agua y alimento para llevar a los que disfrutan de la vida."

Tan cerca estaba del hombre montaña que pude percibir, aún sin palabras, sus más íntimas confesiones. Supe que la cumbre, en ocasiones, anheló ser valle. Hastiada de soledad y aterida de frío añoró deshacerse en polvo y cobijarse en la verdura de abajo.

Pero me embargó la convicción de que en esos momentos de anhelos lógicos, de sed por ser lo que uno no es, y de alcanzar aquello que nunca nos haría felices, una nueva tempestad, entonces reposada y dulce, se derramó en nieve silenciosa sobre la rocosa cumbre. ¿Hay algo más dulce que la inmaculada pureza abrigando el corazón ardiente de un volcán? Pronto la nieve lo cubrió todo. El gemido del alma y la envidia del valle se extinguieron al abrazo del cielo. Nada incómodo persiste cuando la tierra y el cielo se ciñen en uno. La blancura cubre las grietas del viejo monte y apenas se descubren las ondulaciones de añejas heridas que son restañadas por el frío y sanador abrazo. Los felices cantos de las aves de la vega llegan ahora hasta la cumbre no como un torturante eco sino como una expresión de gratitud de aquellos que viven del derretimiento de la nieve.

Aquel hombre irradiaba autoridad, pero a la vez genuina humildad. Lo más impresionante de mi sueño fue ver arrodillarse al hombre montaña. Su figura se redujo a casi nada cuando lo hizo; creo que se disponía a rezar, pero a la primera palabra su voz se quebró emocionada. Lagrimas cristalinas descendían por sus mejillas, repartiéndose por los surcos grabados en su rostro. Observé sobrecogido que, al paso de las lágrimas, los mensajes, grabados en los pliegues, adquirían un brillo especial y un mayor relieve. El no se esforzaba por lograrlo, pero su cuerpo entero era un mensaje refulgente.

Recordé los métodos artificiosos que usamos con frecuencia para conferir fuerza a las palabras: modulaciones de voz, anécdotas impactantes... Ahora, fascinado ante la imagen de aquel hombre, entendí que no hacen falta muchas palabras para decir muchas cosas, ni expresiones grandísimas para decir grandes verdades. Sólo es necesario albergar la verdad en nuestro corazón y ésta fluirá como un río desbordante.

En este sueño que tuve -o que a mí me tuvo-, al contemplar de nuevo las profundas arrugas que surcaban al hombre montaña, concluí que la autoridad viene de la mano de la experiencia, y, con frecuencia, de la mano de duras experiencias.

Ante mi sorpresa el hombre montaña se incorporó y comenzó a caminar. A pesar de su aparente decadencia sólo un insensato podía ver en aquel hombre a un anciano decrépito.

Me invadió un sentimiento de tristeza al observar que se alejaba.

Caminaba muy despacio, con dificultad y con su espalda vencida hacia delante. Me fijé en que iba aferrado a un libro, en cuyo lomo alcancé a leer "Santa Biblia" Por la forma de transportarla dejaba ver que la amaba tanto como la necesitaba. Llegué a pensar que aquel hombre no llevaba la Biblia en su mano, sino que iba de la mano de su Biblia.

Desperté dulcemente de mi sueño con una mezcla de sensaciones: por un lado la indescriptible sensación de haber estado con un ángel y por el otro decepción, a causa de la excesiva brevedad en un encuentro tan sublime.

Poco imaginaba que aquello había sido únicamente el principio.

El néctar de la Reflexión

Los arroyos rumorosos que fertilizan el valle, están hechos del derretimiento de la nieve que abunda en la quietud de las montañas.
Siempre hay solitarios que en la dura soledad de las alturas encuentran agua y alimento para llevar a los que disfrutan de la vida.

SABIDURÍA GRABADA EN LA PIEL

"Los golpes de la adversidad son muy amargos, pero nunca son estériles."

Joseph Ernest Renan

He compartido mi sueño con algunos, pero a nadie parece haberle impresionado.

En algún caso, he percibido tal indiferencia, que la desidia del oyente me ha contagiado y lo que inicialmente me pareció un milagro ha ido adquiriendo el difuminado tono de lo trivial.

A decir verdad -llegué a pensar- todos han tenido en algún momento un sueño extraño. Hay muchos condicionantes para soñar: Una mala digestión, unas décimas de fiebre, una cena copiosa... o, lo más probable en mi caso, una abundante dosis de medicamentos. No es correcto atribuir significados trascendentales a todos los acontecimientos -Seguí recapacitando-. Intentar encontrar un mensaje sobrenatural en los pliegues de cada incidente es una labor que nos distrae de la realidad y puede llegar a agotarnos.

Con estas reflexiones llegué a la noche, y también con el propósito firme de relegar al hombre montaña al lugar que, a mi juicio, le correspondía: el olvido.

Sin embargo el anciano no pareció conforme con ese destino, porque surgió de las sombras en cuanto yo cerré mis ojos.

Apareció por el mismo horizonte por el que ayer se perdía, y con su caminar cansado se aproximó lentamente. -Usaré, a partir de ahora, el presente histórico en este y en todos los sueños, pues, al relatarlos, me parece estar viéndolos de nuevo-. A una prudente distancia se detiene.

Hoy me ha visto y sus ojos húmedos me escrutan durante largo rato. La fijeza de su mirada me impresiona, pero no me inspira temor; el anciano infunde respeto pero no miedo.

Sorprendido, tal vez, por el aplomo con el que yo soy capaz de mantener su mirada, me sonríe mientras retorna a caminar, acercándose más a mí.

Al observarle a mi lado me parece más alto todavía, sin embargo soy incapaz de sentir ningún temor, por el contrario, me siento muy a gusto. Es como si su cuerpo exhalara algo extraordinario que impregna todo el entorno: una fuerza, una seguridad especial...

No me pregunta mi nombre ni yo se lo pregunto; simplemente comenzamos a caminar juntos. Su compañía me inspira, pero su lentitud, poco a poco, llega a incomodarme. Recorrido un largo trecho aprieto el paso esperando que entienda mi mensaje y él acelere el suyo.

Tan sólo puedo atribuir a la sinrazón de los sueños el hecho de que la franca admiración que he sentido hacia el hombre montaña se vaya tornando en irritación al comprobar la indiferencia con que permite que yo me aleje sin intentar adecuarse a mi ritmo.

Me vuelvo y me atrevo a increparle:

-¿Acaso no puede caminar más deprisa?

Detiene su paso y me mira sin dejar de sonreír.

-Tú lo has dicho. No puedo hacerlo.

-Camina usted demasiado despacio. - Le reprocho. Y añado -: ¿Qué le impide andar más deprisa?

-La experiencia me lo impide. - Habla casi con la misma lentitud con la que camina -. Cuando inicié la carrera era joven y veloz, pero a medida que cubría etapas se fue pegando a mi cuerpo el lastre de la experiencia que te hace ganar en peso y perder en velocidad.

-Usted se refiere a la vejez.

Era un sueño, de acuerdo. Pero aún así me avergüenzo del poco tacto utilizado para dirigirme al noble anciano.

-No. Me refiero a la experiencia. -Me responde con inmerecida dulzura. Y luego me aclara-. Envejecer es inevitable, pero que ese proceso nos enriquezca es algo que, por desgracia, con frecuencia se evita.

-No entiendo lo que intenta decirme. - Yo persisto en mi insolencia.

Ahora se detiene de nuevo para enfatizar sus palabras.

-Lo que intento decirte es que la madurez tiene mucho más que ver con el tipo de experiencias que has tenido y lo que has aprendido de ellas que con los cumpleaños que hayas celebrado.

-Si ser experimentado implica la lentitud que usted demuestra, entonces es algo indeseable. -He vuelto a caminar, obligándole a él a hacerlo.

-No lo creas -aclara el anciano con admirable paciencia-. Caminar veloz, e incluso correr, no garantiza llegar antes. Yo tuve la oportunidad de correr y demasiado bien la aproveché, pero nunca llegué más temprano que ahora que me desplazo con prudencia. Mi alocado ritmo me hizo estrellarme con demasiada frecuencia y el tiempo que empleaba en curar mis heridas me demoraba más que la sensata marcha que ahora mantengo. Ya lo ves, el lastre que me impide correr, también impide, la mayoría de las veces, que caiga.

La sabiduría de sus palabras me persuade a ser más prudente con las mías. A medida que mi coraza se va resquebrajando retorna la genuina admiración por él.

-Anciano -He estado a punto de llamarle hombre montaña-, la vida ha debido enseñarle muchas cosas. ¿Podría transmitirme algunas?

Mi ruego no parece incomodarle, creo más bien que le ha causado alegría.

-Si tú estás dispuesto a pararte -me dice-, puedo hacerlo. Porque la única manera de aprender es dejar de correr.

Me siento sobre una piedra y él lo hace en otra junto a mí. La tarde comienza a declinar pero la temperatura es deliciosa. Ante mi sorpresa el hombre se despoja de su camisa mostrando un torso con tantas arrugas como su rostro, y puedo apreciar que, al igual que las de su cara, todas las marcas de su cuerpo contienen mensajes.

El hombre montaña advierte mi gesto de sorpresa y corresponde a él con una sonrisa tan bella que hace resplandecer cada pliegue de su cuerpo.

-Este es el lastre al que me refería -Dice señalando a sus arrugas-. El paso de los años lo va depositando sobre el cuerpo, y pesa; pero al mismo tiempo resulta valioso. Ya lo ves, no hay ninguna marca inútil, todas están llenas. Yo lo defino como un peso agradable de llevar.

Del mismo modo que yo leí en los pliegues de su cara, él comienza a leer los surcos de su cuerpo.

-He aprendido que sentirme mal no me da derecho a tratar mal a los demás -Su voz destila autoridad, a la vez que ternura. La descripción que alguien hiciera de Abraham Lincoln, viene a mi mente: *"Un hombre de acero, y a la vez de terciopelo."*

-Por fin sé que necesito muchísimo tiempo para llegar a ser la persona que quiero ser.

-He aprendido que debo separarme de mis amados siempre con palabras amorosas. Puede ser la última vez que les vea. -Esta lección la recita sin apenas voz. Ni siquiera la ha leído, tan grabada está en su memoria. Pienso que la arruga tan pronunciada, justo sobre su corazón, se ha formado a golpe de indecibles pérdidas.

-Puedo seguir adelante mucho después de que ya no puedo más. -La marca se aprecia inmediatamente encima de la anterior; como si se hubiera formado en el proceso de restauración tras la grave pérdida.

-He aprendido que soy responsable de lo que hago, sin importar cómo me sienta.

-O controlo mi actitud, o mi actitud me controla a mí.

-No importa lo ardiente y maravillosa que una relación sea al principio. La pasión va a disminuir y más vale que haya valores más profundos que tomen el lugar de la pasión apaciguada. -Escucho fascinado; apreciando como la sabiduría fluye del anciano. Los temas más diversos van surgiendo, en calculado desorden.

-He aprendido que un héroe es la persona que hizo lo que se tenía que hacer, cuando necesitaba ser hecho, sin importar las consecuencias.

Ahora lee los surcos de sus brazos, en los que, a causa de la extremada delgadez, la piel se frunce sobre el hueso formando múltiples arrugas.

-El dinero es una manera equivocada de hacer cuentas.

-He aprendido que mi mejor amigo y yo podemos hacer cosas divertidas o no hacer absolutamente nada y sin embargo disfrutar de los mejores tiempos.

-A veces, aquellos de los que esperamos que nos pisen cuando estamos caídos, son, precisamente, las personas que nos ayudan a levantarnos de nuevo.

-He aprendido que estar preparado es importante, saber esperar lo es aún más, pero aprovechar el momento adecuado es la clave de la vida.

-Ahora sé que es posible hacer algo en un instante que provocará dolor de corazón toda la vida. -El pliegue que contiene ese mensaje está muy marcado, como si el arado que ha abierto el surco se hubiese hincado de manera muy especial.

-He aprendido que la amistad verdadera sigue creciendo aún a través de largas distancias y lo mismo es verdad acerca del auténtico amor.

-El hecho de que alguien no te ame de la manera en que quieres ser amado, no significa que no te ame con todo lo que tiene.

-No importa lo bueno que sea un amigo, me va a herir de vez en cuando y tengo que perdonarle por ello.

Vuelve a leer en su costado, donde se acumulan los pliegues como páginas en una enciclopedia.

-Es fundamental que recuerde que no siempre tendré que ser perdonado por otros. A veces lo que necesito desesperadamente es perdonarme a mi mismo.

-No puedo cambiar la dirección del viento, pero sí puedo ajustar mis velas para llegar siempre a mi destino.

-No debo nunca olvidar que nuestro trasfondo y circunstancias pueden determinar quienes somos, pero nosotros somos responsables de quienes llegaremos a ser.

-En la vida: hay tiempos en los que solo hay preguntas, y tiempos inesperados cuando llegan las respuestas.

Le escucho sobrecogido; admirado al ver como lee las profundas arrugas, convertidas en renglones sobre los que la vida ha escrito. Algunos están enormemente torcidos, pero igualmente llenos de sabiduría.

-Dos personas pueden mirar la misma cosa y ver algo totalmente diferente.

-He aprendido que aún cuando pienso que no tengo nada más que dar, si un amigo pide ayuda, encuentro la fuerza para ayudar.

-Las credenciales en la pared no convierten a nadie en un ser humano decente.

-He aprendido -me mira y sonríe- que la envidia es la más grande manifestación de admiración.

-Las personas a quienes quiero más en esta vida me son quitadas demasiado pronto.

Su voz se rompe en el final de la frase; pero enseguida se recupera y sigue.

-He aprendido que al envejecer, las tristezas que siento tienen más que ver con las cosas que dejé sin hacer, que con aquellas que hice.

-He aprendido que tu vida puede ser cambiada dentro de unos instantes por personas a las que ni siquiera conoces todavía...

Y esta última reflexión flota en el aire como un presagio de lo que será mi futuro inminente.

La tarde se declara definitivamente vencida cuando el hombre montaña levanta su cabeza.

-Creo que es suficiente por hoy - me dice -. Si quieres podemos seguir otro día.

La propuesta ilumina mi rostro.

-Me encantaría. ¿De verdad podremos vernos otra vez?

-Seguro que sí. - Se ha levantado y comienza a caminar hacia el horizonte por el que surgió -. Tal vez antes de lo que te imaginas.

-¡Gracias hombre montaña! ¡Hasta pronto!

Me he dado cuenta, demasiado tarde, de que le nombré por el íntimo título que le había asignado y llevo mi mano a mi boca en un inútil intento de retener las palabras que ya vuelan.

El anciano gira y me mira sonriente, todos los pliegues de su rostro se iluminan a la caricia del sol falleciente, mientras su larguísima sombra se proyecta en el suelo.

Justo antes de despertar leo un último mensaje:

"Los montes que ofrecen sombra y amparo, están expuestos a las inclemencias que les desgastan y erosionan. Todos, tarde o temprano, tendremos que escoger entre ser amparo o amparado, protector o protegido, refugio o refugiado."

He despertado de mi sueño con la firme decisión de plantar mi tienda al amparo del monte. Necesito ser protegido para alcanzar, si Dios me ayuda, el grado de protector.

El néctar de la Reflexión

Al iniciar la carrera se es joven y veloz, pero a medida que cubrimos etapas se pega a nuestro cuerpo el lastre de la experiencia que nos hace ganar en peso y perder en velocidad. Pero esa carga que nos impide correr, impide también, con frecuencia, que tropecemos.

UNA EXCLUSIVA UNIVERSIDAD

"Quien pierde dinero, pierde mucho.
Quien pierde un amigo, pierde más.
Quien pierde la fe, lo pierde todo."

El teléfono se niega a transmitir la llamada del hospital, sin embargo la tardanza ya no me tortura.

Resulta sorprendente que un personaje pueda surgir de los sueños e instaurarse con tal fuerza en la vida real.

A través de la ventana observo la luna, que ya se ha establecido en su lugar, y sonrío ante la proximidad de un nuevo encuentro con el noble anciano. Aunque una ligera duda me perturba: tal vez esta noche no acuda; lo cierto es que no hemos fijado una cita. Pero sus últimas palabras: "Puede que nos veamos antes de lo que imaginas", me hacen albergar esperanza.

Mi hija, irrumpiendo en la habitación cuando ya la daba por dormida, me sacó de mis pensamientos. Hoy es la tercera noche que se levanta, incapaz de conciliar el sueño, y entra en nuestro dormitorio buscando ser consolada en sus desvelos.

Llorando nos explica que, no sabe por qué, pero no puede dormir.

Es deliciosa la paciencia con la que su mamá la enumera cien temas en los que pensar y que la harán acudir con dulzura a los brazos del sueño. Mientras las observo, las palabras de Francisco Villaespesa acuden a mi mente. "*¡Siendo de dos una tristeza, ya no es tristeza, es alegría!*"

Después de escuchar con mucha atención, la pequeña concretó en una frase contundente el motivo de su desazón nocturna: "No me gusta nada la noche."

Un argumento irrefutable; sobre todo para mí que la miré, emocionado, y deseando decirla que yo también aborrezco la noche, pero que no nos queda más remedio que vivirla.

Poco después ella descansaba sumida en un descanso reparador y, al momento, yo también me deslicé con suavidad en el mundo de los sueños.

El anciano parecía aguardar la señal de mis ojos entornándose para asomar en el horizonte y arrastrar sus pies hacia mí.

Su inimitable sonrisa -sonríe con los ojos más que con la boca- y el fulgor de sus arrugas llenan de luz mi sueño.

Creo que ha interpretado mi presencia como una clara aceptación de que quiero seguir aprendiendo. Pues apenas comenzamos a caminar cuando me dice:

-Lo primero que debes hacer es inscribirte en la escuela.

-¿Escuela? ¿A qué se refiere? -Pregunto intrigado.

-Me refiero a que hay sublimes enseñanzas que sólo se imparten en la exclusiva universidad del desierto.

Mi extrañeza sube de grado.

-Nunca escuché hablar de esa universidad.

El anciano asiente con un leve movimiento de cabeza. Percibo en su mirada un matiz de tristeza.

-Por desgracia son muchos los que no conocen nada de esa institución. Sin embargo nadie que haya afectado de manera determinante y positiva a los demás, ha esquivado sus aulas.

En este momento ya estoy intrigadísimo.

-Hábleme, se lo ruego, de esa universidad.

El anciano se sienta. Y, aunque yo sigo de pie, su cabeza queda muy por encima de la mía.

-Lo primero que has de saber es que esa escuela está establecida en las inmediaciones del desierto. Muchos se sorprenden al conocerlo, pero lo cierto es que se usó de sabiduría al elegir tal ubicación, porque, de este modo, cuantos allí cursan carrera no encuentran en el inhóspito entorno ningún atractivo ni distracción y pueden centrarse de lleno en el aprovechamiento del curso.

Me mira largamente y luego continúa.

-Yo me siento honrado de haber sido admitido en una institución tan especial, e intento, cada día, soportar con gratitud los rigores del curso.

-Pero usted habla como si siguiera estudiando. -Le digo al anciano. Y le pregunto-: ¿Acaso no se ha graduado todavía? ¿Cuánto tiempo dura la carrera?

-Claro que sigo estudiando. Esta carrera dura toda la vida. Cuanto más estudias, más deseos tienes de seguir haciéndolo; además, a medida que creces en conocimiento, aumenta también tu sensación de ignorancia y el anhelo de suplirla. Ya lo ves, yo me siento ignorante. -Entorna un poco sus ojos, como concentrándose para encontrar las palabras justas. Por fin añade-. Pero, no te confundas, ese sentimiento no obra como una espada en el corazón de la autoestima; más bien se comporta como las espuelas en la panza de nuestro caballo, impulsándonos a conquistar nuevas cimas de conocimiento.

Le miro fascinado; me parece increíble que un sabio como él diga sentirse ignorante. Pero su confesión no me hace menospreciarle, sino respetarle mucho más.

En mi se está fraguando un anhelo ferviente de figurar entre los alumnos de esa escuela. Tal vez el anciano descubre mi juvenil entusiasmo e intenta apaciguarlo.

-Has de saber que no todo es fácil en esta institución. Hay normas muy estrictas; por ejemplo, no te será dado escoger la asignatura a estudiar, esta te será impuesta. -El anciano se detiene y recapacita un momento. Luego añade. No tendrás alternativas pero tampoco las buscarás, entre las pocas cosas que conozco de los doctos sabios que aquí ejercen, es que jamás se equivocan al asignar materias a los alumnos.

-No me importa no poder escoger las asignaturas. -Le digo con firmeza- Quiero cursar la carrera.

El hombre montaña no parece escucharme, continúa enumerando las normas escolares:

-Otra rigurosa regla de esta institución es que la mayor parte de la enseñanza se imparte en la más pura, y con frecuencia dura, práctica.

-Por favor -le ruego-; dígame qué es lo que debo hacer para ser admitido.

He conseguido captar su atención y me mira complacido. Una dulce sonrisa suaviza su gesto y las arrugas de su cara resplandecen al comunicarme:

-Ya hiciste todo lo que debías. Rellenaste tu formulario a la perfección y has sido admitido.

-¿Formulario? -Pregunto intrigado-. Pero yo no he rellenado nada.

-Si, lo has hecho. Los impresos de esta escuela se rellenan en el corazón, y el tuyo ha sido evaluado positivamente. Tienes un corazón adecuado para ingresar en esta escuela.

Ahora el anciano se incorpora y me observa con gesto preocupado. Mantiene un momento sus ojos en los míos.

-Conozco también la asignatura que cursarás. -Durante unos instantes se debate en la duda de continuar-. Se te ha asignado una disciplina académica difícil: estudiarás el dolor.

Confieso que, conocido eso, entorné mis ojos en un gesto de sospecha, que se acentúa al recordar la pauta que rige esta institución.

-¿También esa asignatura debe cursarse de forma práctica? -Mi voz tiembla en la pregunta.

-Lo siento, pero así es -Reconoce-. Y la verdad es que se trata de un requisito lógico. Determinadas disciplinas no pueden estudiarse de otra manera. Tragar el conocimiento a secas, sin regarlo con la experiencia, nos convierte en cerebros hinchados sustentados por corazones secos y endurecidos. Por eso es necesaria la noche, porque derrama el rocío que empapa y ablanda nuestro corazón.

Mantengo la mirada en el suelo, preocupado. Él lo percibe y pone su mano sobre mi hombro presionándolo levemente con ánimo confortador.

-No te preocupes -me tranquiliza-. No te faltarán las fuerzas. Otra característica de esta institución es que los maestros nunca aplican sobre los alumnos más presión de la que éstos pueden soportar. Además se me ha asignado, como parte de mi formación, que esté a tu lado y te enseñe lo que yo he aprendido sobre el dolor.

Levanto mis ojos del suelo y los poso en los suyos.

-¿También usted ha cursado esta asignatura?

-Claro que sí -Me dice, y sonríe-. A decir verdad creo que no he cursado otra disciplina que la del dolor.

Entonces reparo nuevamente en las profundas arrugas que surcan su rostro, y sobre todo en la increíble sabiduría que en cada una de ellas refulge.

Mientras caminamos mantiene la mano sobre mi hombro, y su mirada está fija en el horizonte al decirme:

-Ánimo. Vas a ver que las adversidades, del tipo que sean, no sólo infringen aflicción; aportan también lecciones únicas. William Cowper lo dijo bien: *"el dolor es, él mismo, medicina."* Te lo aseguro, amigo, la tribulación es una extraordinaria maestra.

He despertado sobresaltado; un fuerte dolor en la pierna me arrancó de dormir. Lamento como nunca que en mi enfermedad sólo logro descabezar breves sueños, pues la hermosa escena que vivía se ha difuminado; sin embargo la voz del anciano persiste en mi mente y el calor de su mano sobre mi hombro todavía me infunde una deliciosa seguridad.

El néctar de la Reflexión

Tragar el conocimiento a secas, sin regarlo con la experiencia, nos convierte en cerebros hinchados sustentados por corazones secos. Por eso es necesaria la noche, en la que se derrama el rocío que empapa y ablanda nuestro corazón.

LA BELLEZA DE LA NOCHE

"En el corazón de todos los inviernos
vive una primavera palpitante,
y detrás de cada noche,
viene una aurora sonriente."

Khalil Gibran

El dolor pareció dormitar en los últimos días, pero hoy ha despertado de su letargo y lo ha hecho con redoblada energía. Sospecho que su silencio fue tan sólo una tregua engañosa, como si hubiera empleado este tiempo en fraguar una estrategia más cruel con la que tumbar definitivamente mis escasas defensas.

En la mañana intenté levantarme pero las piernas no respondían; no he caminado nada en todo el día. En momentos como éste, de absoluta inmovilidad, me impresiona la inquebrantable lealtad de mi esposa y de mis hijas que me acompañan en este túnel sin faltar de mi lado; de modo especial Miriam, la más pequeña, que ha reducido su mundo al espacio de mi colchón, convirtiéndolo en mesa donde comer y en pupitre donde realizar sus tareas.

La noche me ha sorprendido extenuado de dolor pero vacío de sueño. Esto me hace temblar.

Busqué en la lectura un arma contra el insomnio y he leído hasta bien entrada la madrugada, hasta que los ojos se han revelado con un intenso escozor; pero tengo miedo de cerrarlos pues percibo un ejército de horribles pensamientos dispuestos a asaltar mi castillo.

Finalmente, harto de escuchar las horas en el reloj, he sucumbido al cansancio; pero una tenebrosa oscuridad me aguardaba en el subconsciente.

También hoy he soñado, pero mi sueño tiene el grotesco rostro de la pesadilla y la primera imagen me estremece:

Aparezco en medio del campo, totalmente indefenso y en el corazón de una noche hermética. Algunos árboles me rodean, pero, lejos de proporcionarme amparo, me aterrorizan. Sus ramas desnudas, que se agitan por el viento, se me antojan garras de esqueletos enfurecidos. Tengo mucho frío, pues no llevo más atuendo que mi ropa de dormir. Una ráfaga de aire helado corta mi rostro como un afilado cuchillo, obligándome a apretarme bajo la fina camisa de mi pijama. Justo en ese momento su voz me provoca un gran sobresalto.

-Buenas noches.

He temblado de miedo antes de adivinar entre las sombras la imponente figura del hombre montaña. Saluda con toda naturalidad, como si nada extraño ocurriese.

-Me ha asustado -Replico con enfado, una vez recuperado del susto-. Además, ¿cómo puede llamar buena noche a esta oscuridad aterradora?

El anciano, no se inmuta, sino que suspira complacido.

-Es una noche hermosa.

Lo dice con un tono de deleite que termina de irritarme.

-Es una noche de perros. - No lo digo, lo gruño.

Se aproxima un poco más, inclinándose hacia mi oído, como temiendo que la negrura del ambiente se trague sus palabras:

-Podrías comprobar la belleza de esta noche si dejaras de aborrecerla e intentaras descubrir sus riquezas.

Suavizo mi tono, pero insisto en mis reproches, mientras un nuevo golpe de viento me hace temblar:

-Si por lo menos tuviera algo de abrigo con que guarecerme...

-Solo hay una forma de resistir el frío: estando contento de que haga frío. -El hombre montaña ha usado una cita de Emilie A. Chartier. Luego me exhorta-. Créeme, no necesitas más abrigo que la fe. Mírame a mí.

Entonces reparo en sus ropas: viste únicamente la leve camisa y el gastado pantalón de siempre, sin embargo no parece tener frío; ni siquiera su cabello se mueve como el mío, agitado por el viento.

-Pero a usted no parecen afectarle el viento ni el frío.

-No me afectan porque los he aceptado -Me explica-. Simplemente disfruto de lo hermoso de la noche sin dar valor a lo que de ella me incomoda. Tendrás que aprender esta lección pues es la más básica de tu recién estrenada carrera. Si no superas lo elemental ¿Cómo pretendes. seguir adelante?

-¿Qué disfrute de lo hermoso de la noche? -Pregunto indignado, mientras una ráfaga de aire helado me estremece- ¿Acaso hay algo hermoso en ella? No me gusta la noche. Todo es oscuridad.

Me responde con ternura pero con firmeza:

-Estas en un error, amigo mío. Todo es oscuridad cuando cierras tus ojos y miras dentro de ti. Allí están las tinieblas de tu miedo. Si los mantuvieras abiertos verías que la noche está llena de luz -Ha puesto su mano bajo mi mentón obligándome a levantar la cabeza-. Observa el firmamento: cuando todas las luces se apagan a tu alrededor, es cuando se encienden las lámparas del cielo.

El cielo, que hasta ahora me parecía de un negro impenetrable, se ha convertido en una bóveda luminosa salpicada por miles de estrellas; se alcanzan a ver, incluso, algunas galaxias.

-Cuanta mayor oscuridad haya a nuestro alrededor -explica-, más luz habrá sobre nosotros. Los cielos más hermosos corresponden siempre a los lugares más oscuros -Ahora aplica un entusiasmo especial a su voz-. Si estás envuelto en suficiente oscuridad descubrirás incluso que ninguna estrella es igual a otra, todas son de diferente color.

De repente, y sin previo aviso, mis ojos pueden penetrar el inmenso firmamento y quedo sobrecogido al percibir diferentes colores en las estrellas. Toda la escala cromática está repartida sobre el lienzo que hace un instante me parecía negro y amenazador.

Lo que ocurre es algo misterioso; es como si al escuchar las afirmaciones del hombre montaña y aceptarlas, mis ojos pudieran ver todo lo que el anciano ve y proclama.

Mientras mis retinas se inundan de color, recuerdo sus palabras: No necesitas más abrigo que la fe.

El hombre montaña observa mi gesto embelesado, porque él, experimentado en noches, es capaz de distinguir las sensaciones de otros a pesar de estar en medio de una de ellas.

-¿Sabes -Añade- que las estrellas no sólo desprenden luz? También emiten sonidos. Sí ¡Las estrellas fabrican música!- Cierra sus ojos y un gesto de deleite se dibuja en su rostro. ¡Está escuchando a las estrellas!- ¡Que perfección! -susurra-.

Ilusionado, hago lo mismo, pero soy incapaz de escuchar nada. Aprieto con fuerza mis ojos, concentrándome, pero todo es inútil.

-No oigo ninguna música. -Le digo decepcionado.

-No seas impaciente.- Me insta, revolviendo suavemente mi cabello- En tu primera noche ya has sido capaz de ver la luz, pero necesitarás unas cuantas más para ir descubriendo todos sus tesoros.

Pone su brazo sobre mi hombro y comenzamos a caminar. Me detengo, sorprendido, al comprobar que la sensación de frío ha desaparecido y en su lugar me envuelve una sensación de bienestar. Mi cabello ya no se mueve, a pesar de que las ramas de los árboles se agitan bajo el impacto de fuertes rachas de viento. Pero lo mejor de todo es que la oscuridad ya no me parece tan densa ni me impide ver el horizonte hacia el que nos dirigimos.

Reanudo el paso en medio de un íntimo gozo mientras escucho al hombre montaña.

-No lo olvides, hijo, la duda tiñe de muerte el día más radiante, pero la fe hace germinar la vida en el corazón mismo de la noche. Un gramo de fe vale más que una tonelada de estímulos.

Me ha impresionado gratamente que me atribuya el título de hijo como poco antes me asignara el de amigo; estoy empezando a comprender que la noche es capaz de fortalecer los vínculos de unión entre dos personas que la comparten.

Aún en mi sueño puedo recordar los desvelos de mi hija, sus visitas a nuestra habitación buscando consuelo, y su sincera confesión de que siente aversión a la noche. También recuerdo mi incapacidad para ahuyentar su temor a estos ciclos nocturnos. Pero ya nunca me faltarán argumentos para convencerla de que la noche no es una amenaza, sino un hermoso regalo.

Con un gesto el hombre montaña me indica que debo detenerme; él ha de seguir su camino pero yo no podré acompañarle por ahora.

Me quedo observando como se aleja, desplazándose con una notoria lentitud de movimientos y con evidente fatiga; cuando llega a la altura de un árbol se recuesta sobre él para recuperar aliento. Una brisa, ahora leve y cálida, mece sus ramas que ya no están desnudas, porque una increíble frondosidad cubre las copas de los árboles que hace un momento se me antojaron esqueletos enfurecidos.

He despertado feliz y agradecido al comprobar que lo que inicialmente parecía una pesadilla se ha tornado en un sueño delicioso.

Me levanto y acudo a mi ventana. Todavía no ha amanecido. Recostado en el alfeizar escudriño el cielo nocturno, pero ni una sola estrella mitiga la negrura. En las calles descubro el motivo, hay demasiada luz: farolas encendidas, carteles de neón, los faros de los coches...

Las sabias palabras del hombre montaña acuden de nuevo a mi mente: "Cuanta mayor oscuridad haya a nuestro alrededor, más luz habrá sobre nosotros. Los cielos más hermosos siempre corresponden a los lugares más oscuros.

Un súbito calambre hace que falle mi pierna y estoy a punto de caerme. Regreso a la cama turbado, y me recuesto intentando acomodar la pierna que se ha quedado rígida. Una intensa punzada recorre toda la extremidad, desde la zona lumbar hasta el pie.

Decididamente el dolor ha dado por concluida la tregua.

No sé decirte si lo siguiente es real o forma parte de mi sueño; estoy con mis ojos cerrados y una dulce melodía, que infunde verdadera paz, se hace audible. Abro mis ojos y la música cesa; vuelvo a cerrarlos y contemplo ahora un cielo tachonado por miles de estrellas que me guiñan en múltiples colores, mientras la melodía retorna.

La imagen del hombre montaña, con sus ojos cerrados y su gesto de deleite, se perfila sobre aquella cúpula luminosa, y sus palabras danzan entre la incomparable música: "¿Sabes que las estrellas no sólo desprenden luz? También fabrican música... No seas impaciente, necesitarás unas cuantas noches para ir descubriendo todos sus tesoros."

Sonrío, con los ojos todavía cerrados, mientras mi cielo nocturno se derrama, hecho agua, sobre mis mejillas.

El néctar de la Reflexión

Quien diga que la noche carece de luz debe estar ciego, o tener sus ojos cerrados, o tal vez no conozca la noche.

He visto cielos nocturnos tan hermosos que quedé extasiado de su belleza, y tan luminosos que mis pupilas respondieron con lágrimas ante tal inundación de luz. Tales cielos siempre corresponden a los lugares más oscuros, porque cuando se apagan todas las luces a nuestro alrededor es cuando se encienden las lámparas celestes.

TESOROS EN LA OSCURIDAD

"No hay nadie menos afortunado
que el hombre a quien la adversidad olvida,
pues no tiene oportunidad de ponerse a prueba."

Séneca

La enfermedad se comporta como un experto ladrón de opciones, privándome de hacer multitud de cosas; sin embargo este tiempo de inmovilidad me aproxima también tesoros de valor incalculable.

Recostado - me niego a utilizar de nuevo el término recluido - en mi cama, he descubierto el valor de cosas que antes no apreciaba. Todo es cuestión de permitir que el fulgor de lo bello me deslumbre, impidiéndome ver lo negativo.

¡Hay tanta belleza contenida en la carcasa oscura de la enfermedad! : El beso de mi esposa al marcharse al trabajo y, sobre todo, el que me brinda, más sosegado, cuando vuelve de él. La irrepetible sonrisa de mi hija al regresar del instituto que provoca una inundación de luz en mi dormitorio. El tierno ritual - reiterado pero jamás aburrido - de mi hija pequeña entrando en la habitación con las primeras luces del día, portando su desayuno y dispuesta a convertir mi cama en mesa donde degustarlo.

Lo sorprendente es que estas riquezas siempre las he tenido. No me besan ahora, ni ahora me sonríen, ni me acompañan ahora, porque esté enfermo. Pero es ahora cuando lo aprecio. Sin duda el sosiego actúa de telescopio en el firmamento de lo cotidiano.

Decididamente el embate de la enfermedad no consigue minar la solidez de una familia establecida sobre el fundamento del amor. Por el contrario, el aliento letal del otoño que deshoja el árbol de la salud, sólo logra estrechar más el abrazo de aquellos que juntos lo padecen.

Si, hay muchos alicientes que están convirtiendo esta difícil etapa en una aventura hermosa, y uno de ellos es, sin duda, la particular escuela a la que cada noche acudo en cuanto cierro mis ojos.

He decidido no contar a nadie - salvo a ti, a través de éste íntimo diario - esta extraña experiencia. No es el egoísmo lo que me hace privatizarla, sino la sensación de que debo asimilar muchas cosas antes de contarlas.

Llegada la noche el sueño me convocó, hoy con una apacible facilidad.

Enseguida le he visto. Está sentado sobre la piedra de siempre. Empiezo a pensar que lo que lleva consigo son todas sus pertenencias: Su gastada camisa, su pantalón remendado y el pequeño zurrón en el que transporta la vieja Biblia que luce desencuadernada, con las páginas amarillentas y rizadas por los bordes. Todo añoso, como él, pero limpio también, como el noble anciano.

El primer vistazo es suficiente para descubrir que el hombre montaña hoy está triste, y tan absorto que ni siquiera me oye al acercarme. Cuando he posado mi mano sobre su hombro ha tardado un poco en volver la cabeza y en el momento de hacerlo sus ojos húmedos me han traspasado, fijos en un punto distante de mí. Luego, me enfocó su mirada, respiró hondo y me sonrió.

-Bienvenido, hijo. ¿Qué tal estás? -Me encanta su saludo y la filial relación que refleja, pero es fácil percibir el enorme esfuerzo que hace para imprimir alegría a sus palabras.

-¿En qué pensaba, hombre montaña? -Me arrepiento enseguida-. Perdone; que pregunta tan impertinente.

-No lo creas... Divagaba en mi pasado, pero éste es tan grande que me pierdo en sus laberintos y tan pesado que me cuesta sudores soportarlo con mi escasa fuerza.

-No me gusta oírle hablar en ese tono gris, usted que siempre es tan optimista.

-No es cierto que sea optimista; intento vivir apoyándome en la fe, pero hay días en que aún ese bordón tan firme parece de goma y se dobla bajo el peso de algún recuerdo.

Esas finales palabras han acentuado la humedad de sus ojos, que vuelven a posarse en un punto indefinido. Después de un rato, con enorme dificultad e idéntica lentitud, abre su Biblia. Entre las páginas localiza una vieja y desvaída foto en blanco y negro. La ausencia de color y el deterioro que ha sufrido con el paso de los años, no impiden apreciar que se trata de una joven y atractiva mujer. El hombre montaña la toma en su mano, con una ternura acariciadora, y la mira, embelesado.

-Te presento a mi compañera de peregrinación. -Mira largamente la foto antes de proseguir.

-Ella fue quien tomó mi mano, y juntos alcanzamos elevados montes, también profundos valles. Compartirlo todo y llenarlo todo al compartirlo. Esa fue nuestra experiencia.

En este punto del relato, el anciano sonríe con añoranza y su rostro cobra un gesto encantadoramente infantil.

-Éramos realmente felices, pero, llegado un momento, la casa resultó grande para nosotros dos y cada rincón del hogar comenzó a reclamar la presencia de un bebé. El orden reinante era excesivo; precisaba de un tierno ángel que lo desbaratara. Deseábamos una risa que apagara los silencios y asumíamos la posibilidad de que con ella llegara un llanto que arruinaría el descanso nocturno -Se muerde los labios mientras asiente con la cabeza-. Sin embargo, valía la pena. Por desgracia la vida se resistía a multiplicarse, y la tardanza fue abono para la inquietud. Como suele ocurrir en estos casos, el deseo no satisfecho se tornó en anhelo y el anhelo en ansiedad. Un mínimo retraso en su costumbre mensual encendía cien luces de esperanza que se apagaban de golpe cuando la costumbre retornaba.

Ha parado un momento para pensar, y creo que para tomar fuerzas y continuar su relato.

-Recuerdo una noche muy especial. Mi esposa me hablaba de su tarde en el parque; allí una madre jugaba con su hijo. Me sobrecogió la traición del subconsciente de mi esposa cuando, al relatar cómo el niño llamaba a su madre, sustituyó el nombre de aquella mujer por el suyo. Consciente de su error, y de la razón por la que ponía su nombre en la boca de un niño que llamaba a su mamá, cesó en el relato y permaneció con su cabeza agachada hasta que la atraje hacia mí, abrazándola y acercando mi cara a su húmeda mejilla -Se le ha desgarrado un segundo la voz-. Aquella noche no dormí. El recuerdo del llanto de mi esposa junto a la plegaria que intentaba brotar de mi interior pero que sucumbía estrangulada por la pena, me impidieron hacerlo.

El anciano se sume en un silencio evocador por un tiempo que se me antoja interminable. Luego prosigue.

-El tiempo transcurrió, y cuando más desprevenido estaba, cuando el sol era una caricia reconfortante en el inicio de la primavera y mi pena parecía diluirse, ella apareció entre los rosales con un brillo cegador en su mirada. ¡¡Tengo un retraso de cuatro semanas!! –gritaba- Me hice la prueba... ¡¡Ahora sí!!

La tomé en mis brazos y saltamos entre las flores. Reímos y cantamos como niños -Me mira con los ojos brillantes y ríe él ahora-. Luego nos fundimos en un abrazo del que tardamos en separamos... realmente nunca llegamos a separarnos del todo.

Desde el principio yo quedé tan embarazado como ella. Mi alma se abultaba en una emocionada gestación. El atardecer nos sorprendía a los dos practicando flexiones, caminando de puntillas y realizando los ejercicios y respiraciones que harían más sencillo el parto. Cada noche posaba mi cabeza sobre su vientre y susurraba al bebé. Tan nuestro era que ya vivíamos tres en el hogar.

Me volví exagerado en mi afición de cocinar para ella. *Debes comer para dos*, la decía, *el bebé tira de tus reservas*. Ella reía al ver el plato rebosando. *Tal vez deba comer para dos, pero no para doscientos.* Y seguía riendo sin parar -Y él ríe también, al contarlo-. Su carcajada disipaba los vapores del sollozo de ayer, cuando el pánico a la esterilidad había extendido su manto asfixiante sobre nosotros.

Para el cuarto mes, cuando la ropa comenzaba a hacerse estrecha, la habitación ya estaba casi lista para la anhelada recepción, y ¡con qué ilusión la decoramos! Para el mes quinto nos derretíamos de pura impaciencia. Tumbado al lado de ella acariciaba su vientre mientras la preguntaba: ¿Por qué serán necesarios nueve meses? Si El empleó seis días en crearlo todo ¿A cuento de qué tanto tiempo para formar una sola criatura?

Luego he comprendido que esa espera forma parte del regalo. Pocas cosas son tan emocionantes como la impaciente expectación ante el florecer de una vida; también en esto se refleja la sabiduría con la que todo está programado. Cada cosa tiene su tiempo y hay un tiempo perfecto para cada cosa.

Antes de dormir teníamos conversaciones interminables en las que proyectábamos el nombre del bebé, su educación, su futuro... -Detiene su relato y mira nuevamente la foto, acariciando lentamente el rostro de la mujer. Con evidente dificultad retoma su narración- Aquella tarde yo tenía asuntos urgentes que atender. Nos despedimos en la calle, y acudí a mi oficina mientras ella marchaba a comprar los últimos detalles para la habitación del bebé; recuerdo su beso de despedida y la ilusión que reflejaba su rostro: Ya verás, te vas a sorprender cuando regreses, me dijo, la habitación habrá quedado preciosa.

Lo que me sorprendió a mi regreso fue su ausencia, pero atribuí el retraso a su perenne costumbre de tocar, pesar y medir todas las opciones de compra para luego quedarse con la primera que había mirado -Ríe y llora a la vez. Ha querido bromear pero su voz, impregnada de emoción, arruinó el intento-. Decidí impresionarla y preparé su plato preferido para la cena... como me sobró tiempo adorné la mesa con flores del jardín y encendí unas velas... las flores se marchitaron, la cena se enfrió y las velas se consumieron de alumbrar su ausencia...

La voz le falla definitivamente... con su cabeza agachada deja escapar un sollozo que me estremece, mientras una lágrima se precipita posándose en la fotografía; justo sobre la mejilla de la joven mujer.

He tenido que estirar muchísimo mi brazo para lograr ponerlo sobre su hombro.

Creí que jamás lo haría, pero después de largos minutos el hombre montaña se ha recuperado lo suficiente como para continuar.

-A través de la ventana observaba preocupado la noche fría y desapacible; el ruido del teléfono me sobresaltó... Descolgué el auricular temblando; intenté prepararme para cualquier impacto, pero no lo conseguí... el mensaje me rompió... fue brutal...

La lluvia que caía y una curva cerrada se habían confabulado para dejarme con la mesa puesta y el corazón vacío... El coche que conducía mi esposa había chocado contra otro que venía de frente.

A punto de desvanecerme me senté. Luego salí a la calle y miré largo rato el desolado paisaje de invierno. La lluvia me caló... el agua escurría por mi cara y por todo mi cuerpo. Temblaba de frío y quería que ella viniera para ayudarme a combatirlo. La llamé a gritos... pero no vino. De golpe lo había perdido todo. - Su voz es casi un susurro. Dejo de respirar para oírla mejor -. Nunca ya, en ningún sitio ni en ningún tiempo, podría sentar a mi hijo en mis rodillas, ni abrazarlo, ni contarle un cuento... ni a ella tampoco podría nunca abrazarla, ni sorprenderla, ni hacer junto a ella proyectos para decorar una habitación que ya siempre estaría vacía...

Con mi mano todavía en su hombro intento infundir un poco de ánimo.

-Debió ser un golpe terrible para usted. -Me siento ridículo al percibir que mis palabras sólo logran evidenciar el atroz daño sufrido, pero no aportan ningún consuelo. El anciano me disculpa ignorando el comentario.

-Durante semanas recorrí el pasillo de casa andando casi de puntillas y deteniéndome a cada rato, intentando escuchar los pasos de ella regresando. Cualquier ruido en la puerta me hacía levantar la cabeza sobresaltado y mi estómago se alzaba ante la posibilidad de que ella apareciera en el umbral, entrando de nuevo al hogar.

Hoy es el aniversario de aquella fatal fecha... Dicen que el paso del tiempo cura estas cosas, pero yo no estoy seguro de ello - Mece su cabeza negando lentamente -. No hablamos de pellizcos ni arañazos sino de feroces desgarrones que rompen el corazón, y dejan el alma en carne viva. En todo caso la cicatriz nunca desaparecerá y uno estará toda la vida pendiente de ella.

Una sonrisa quiere florecer en la humedad de sus lágrimas; me parece un arco iris pintado sobre nubes negras.

-Huía de las sombras y llegué a tener pánico al crepúsculo. A pesar de transcurrido mucho tiempo, al cerrar mis ojos en la noche el rostro de ella seguía apareciendo ante mí con nítida perfección, y junto al de ella el de un bebé que me sonreía arrugando su naricita antes de derramarse en una carcajada cristalina; la visión me convertía a mí en un niño asustado, y me tapaba la cabeza llorando desconsolado.

Me estremezco al recordar su saludo de hoy: hijo, me había dicho al encontrarnos; y me pareció delicioso el íntimo calor que aplicó a la palabra.

-Una noche salté de la cama huyendo de la visión y salí al exterior, a compartir mi terror con la luna menguante. El viento helado me pareció cálido frente al escalofrío de mi lecho. Caminé sin rumbo fijo durante horas hasta que, despejado, retorné al hogar pero no ya a dormir. Avivé el fuego de la chimenea y me senté en la mecedora. La nostalgia quiso apretar de nuevo sus garras al traer a mi mente las noches de invierno en las que compartimos ese fuego (el que ahora alumbraba mi soledad) meciéndonos en nuestras sillas y conversando interminablemente.

Decidido a no dejarme aprisionar por la añoranza, tomé mi Biblia - Noté que el hombre montaña apretó sus dedos sobre la gastada Biblia, como quien se aferra con desesperación a un salvavidas- y busqué en ella consuelo. Fue entonces cuando reparé en esta frase.

El dedo del anciano - largo, huesudo y muy tembloroso - se posa sobre el texto marcado en rojo y lo lee-.

-*"Moisés se acercó a la oscuridad en la cuál estaba Dios."* -Enseguida me explica-: El texto se abrió ante mí como una ostra que exhibía la perla más brillante. Lo miré mucho tiempo. Los troncos, que crepitaban levemente en la chimenea, parecían arrojar claridad a mi mente. Toda mi vida había escuchado "Dios es un Dios de luz", pero jamás había reparado en el hecho de que las tinieblas más densas pudieran, también, actuar como morada de Dios. -Hay triunfo en su voz-. La situación más difícil, la soledad más profunda, el desamparo más cruel, la noche más oscura, son oportunidades de encontrarse con Dios.

"No temas a las tinieblas -me dijo alguien hacia tiempo-, si llevas la luz dentro de ti". Seguí meditando en ello hasta que experimenté una gradual sedación de mi mente y un dulce sueño cerró mis ojos.

Desde luego que no la he olvidado. ¿Cómo podría olvidarla? Ni puedo ni quiero hacerlo. Pero su recuerdo ya no es una tortura. - Llora y ríe a la vez, y me mira con una intensidad irresistible -. Cada vez que la añoro vuelve a mi mente el momento en que juntos danzamos entre las flores del jardín; sé que ahora ella pasea entre flores más sublimes, y sé, además, que juntos haremos hermosos ramos con ellas. Esa esperanza es bálsamo que apacigua la irritación de mi alma desolada.

Ha concluido su relato, y entre nosotros se forma un charco de silencio. En él, el hombre montaña suspira mirando al suelo. Yo no sé que decir; tan sólo medito en los hechos estremecedores que me ha transmitido.

-Creo que es hora de marcharme -Dice, y con una mirada que suplica disculpas añade-. Siento haberte afligido con mi historia.

Camina hacia su horizonte, pero pronto se detiene y me mira de nuevo.

-Adiós, hijo mío. Gracias por escucharme.

Hijo, de nuevo. Su forma de decirlo y la dulzura en su mirada acaban por quebrantarme. Me he sentado de nuevo sobre la piedra, buscando un apoyo para la emoción. Después de un rato descubro un papel cuidadosamente doblado; probablemente se ha caído de la Biblia del hombre montaña.

Le llamo, pero es inútil, la emoción resta toda la fuerza a mi voz y él ya está lejos.

He despertado sin sobresaltos. Una débil luz se filtra por las rendijas de la persiana... descansé muy bien y ahora disfruto del placer de desperezarme con ganas, estirando mis brazos sin ningún pudor. Ha sido al hacerlo cuando he descubierto que mis manos aprietan un papel y lo arrugan. Mi sangre parece congelarse. ¡Es el mismo que encontré en mis sueños! El que intenté devolver al hombre montaña.

Mis manos tiemblan ostensiblemente al desdoblar la hoja. Evidentemente hace mucho tiempo que fue escrito; el color amarillento y los pliegues, muy marcados, lo revelan. La letra casi se ha borrado, pero es legible todavía. Se trata de una carta... una misiva muy especial con un particular destinatario.

Amado Dios:

No entiendo aún con certeza el motivo de estas letras que me he propuesto escribirte hoy. Tal vez supongan un nuevo intento de tomar contacto contigo y es posible que este esfuerzo resulte tan vano como los anteriores.

De cualquier forma, deseo dirigirte estas palabras.

Te escribo desde un lugar profundo, muy oscuro; apenas llegan aquí algunos débiles destellos de luz. Hace mucho frío y con frecuencia gruesas gotas de lluvia empapan mi cuerpo.

Dios mío, me siento sólo; el silencio, aquí abajo, es tan estremecedor... no puedo evitar que de mi interior broten gemidos mientras lágrimas, redondas como goterones de lluvia, recorren mis mejillas; entonces percibo que mi clamor resuena en el profundo valle, repitiéndose como el eco hasta alcanzar la cumbre, y luego escala una mayor altura... creo que llega hasta el cielo.

Sé bien que Tú conoces a que lugar me refiero. Hace un rato abrí mis ojos desbordados, y contemplé unas huellas en el barro; sabiendo que no eran las mías las observé con fijeza y perplejidad, pues no adivinaba la presencia de nadie más en este valle. Pudo ser el escalofrío que surcó mi espalda, o tal vez el resquicio que, de forma repentina, se abrió en el encapotado cielo, y el rayo de luz que, resbalando de las nubes, besó las marcas en el barro, o no sé bien que fue... pero me embargó la seguridad de que Tú habías pisado allí.

Sí, amado Dios, con toda seguridad también Tú, más de una vez, has visitado este lugar. Tus lágrimas humedecieron esta tierra convirtiéndola en fértil y con los pétalos exclusivos de las flores de este valle has enjugado ojos encharcados por la tristeza.

Sólo quiero pedirte que en tu próxima visita me permitas verte, contemplar tu sonrisa y, sólo si es posible, abandonar este valle contigo.

Alguien que sinceramente te ama.

1 de Diciembre de 1964

La fecha coincide con el día de hoy, salvo por el año.

Casi puedo apreciar la marca de las lágrimas en algunas partes de la carta. Sin duda este gemido del alma brotó desde la heladora cima de la terrible pérdida.

"¿Usted también ha cursado la asignatura del dolor?" Le había preguntado tiempo atrás.

"Claro que sí -Me respondió-. A decir verdad, creo que no he cursado otra asignatura que esa."

Sin embargo, en la desgarradora amputación, la misma cirugía que extirpaba con crudeza, le implantó también un foco de luz que, ahora, tumbaba sombras y abría caminos.

"No hay que temer a las sombras -me dijo en una ocasión con tono de triunfo-. Sólo indican que en un lugar cercano, resplandece luz."

El néctar de la Reflexión

El ser humano es capaz de distinguir la llama de una vela a veintisiete kilómetros de distancia. Sólo una cosa es necesaria: suficiente oscuridad.

La noche del alma afina nuestra visión, y también nuestra sensibilidad, porque nadie es más hábil enjugando lágrimas que aquél que practicó con las propias.

FRUTO MADURADO CON LUZ DE LUNA

El que no ha sufrido no sabe nada;
No conoce ni el bien ni el mal;
Ni conoce a los hombres ni se conoce a sí mismo."

Fenelon

El día de hoy se ha caracterizado por la tranquilidad; sólo por un momento amenazó con desmoronarse; fue cuando salí a la terraza a compartir mi sensación de paz con el sol del mediodía. Abajo, en los jardines, un niño jugaba libre y despreocupado. Como debe ser la niñez; como debe vivirse esa etapa irrepetible.

En su alborozo, el muchacho fue incapaz de calcular la fuerza con la que arrojaba el puñado de arena, y éste fue a precipitarse sobre la falda de su madre que, ajena a todo, leía una revista. La reacción de la mujer fue indescriptible: se abalanzó sobre el niño derrochando un caudal de palabras tan innecesarias como impropias; carentes totalmente de equilibrio, tanto en el significado como en el volumen.

Su mano se agitó frenética, descargando un golpe sobre la cabeza del niño, quien, aterrorizado e incapaz de entender aquel exceso, intentaba protegerse con sus pequeños brazos.

Mi ánimo se deshizo ante tamaña impostura. Pocas cosas me afectan más que el trato injusto a un inocente niño. Toda violencia me parece detestable, pero califico de tiranía intolerable - y casi imperdonable - aplicarla sobre una inocente criatura, incapaz de defenderse.

Opté por entrar de nuevo al hogar y zambullirme en el juego con mis hijas. Embozado en su amor mi ánimo se recuperó de inmediato y la paz volvió a ser la sensación predominante.

Llegada la noche me deslicé entre sábanas limpias y cerré mis ojos disfrutando de la suave aproximación del sueño.

Irrumpí en el inconsciente con plena conciencia de felicidad.

En mi sueño observo extrañado a varias personas que se acercan conversando animadamente. Pasan frente a mí sin verme y su proximidad me permite comprobar que hablan del hombre montaña. Me impresiona el extraordinario respeto - casi reverencia - con que se refieren a él.

-Sus palabras -dice uno de ellos- contienen más ciencia que cien libros juntos.

-Es sorprendentemente sensible -añade otro-. Dicen que sabe llorar en siete idiomas; pero ríe al menos en catorce. Posiblemente sea la persona más feliz de la tierra.

-Y no llora de amargura. -Aclara un tercero-. Lo hace de paz, y de alegría... sus lágrimas (no me extrañaría que fueran dulces) son un compendio de emociones positivas.

El último de ellos, que hasta ahora ha permanecido en silencio, es concluyente en su descripción:

-El viejo es de hierro. Ha sufrido mucho. Se ha sumergido hasta el fondo del agua turbulenta, pero el óxido nunca consiguió amargar un acero tan dulce. La tribulación le ha endurecido y enternecido a la vez...

-¿Sabéis -interrumpe el primero- que se le conoce como el viejo que no se resigna a serlo? Asume que envejecer es algo inevitable, pero se resiste a dar un paso hacia la vejez sin dar dos hacia la vida, y eso le devuelve multiplicada la vitalidad que le roba el discurrir de los años.

El grupo sigue conversando animadamente y se pierde en la distancia justo en el momento en que el anciano surge de su horizonte.

Al ver como se aproxima percibo que la visión del hombre montaña me fascina cada vez más. Mientras su cuerpo acusa los rigores de muchos inviernos, su espíritu y su alma proclaman las bondades de múltiples primaveras.

Las arrugas que cubren su cuerpo y se aprecian de modo especial en su rostro, hoy parecen más profundas que de costumbre. Esa visión me hace recordar el relato de los duros sucesos que me participó la noche anterior.

-Anciano -le digo- ¿No cree que usted ha sufrido más de lo necesario?

-No digas eso, hijo -sonríe con los ojos más que con los labios-; nunca sufrimos más de lo indispensable. Es el secreto del yunque: sólo están allí las piezas que van a ser utilizadas y los golpes que se aplican son los imprescindibles para su formación.

-Lo que más me sorprende es la permanente sonrisa que ilumina su rostro a pesar del sufrimiento.

-He aquí un misterio: mi sonrisa no surge "a pesar de tanto sufrimiento", sino precisamente "a causa del mismo".

-No le entiendo, hombre montaña.

-Comprendo que te resulte difícil de asumir, pero esa es la auténtica verdad –No hay un ápice de vacilación en su voz-. Nadie lo dijo mejor que Golda Meir, al declarar: *"Quienes no saben llorar con todo el corazón, tampoco saben reír."* El cincel del sufrimiento esculpe las más bellas sonrisas, y otorga, además, al sufriente, la capacidad de dibujar sonrisas en otros.

-¿Cómo puede decirme -Insisto- que el sufrimiento esculpe sonrisas?

-Estás inscrito en la universidad del desierto. Pronto comprobarás que una de las más hermosas asignaturas que en ella se imparten es la consolación. El arte de aliviar la pena o la aflicción ajenas. -Y me explica-. En esta materia el plato fuerte son las lágrimas, pues se aprende a consolar mediante el consuelo que uno recibe en medio del propio llanto. Son tan escasos los alumnos, que las clases se dan de forma individual y la instrucción es extremadamente dura, pues se abordan de manera práctica el sufrimiento y la tribulación. Pero ese llanto instruye en la facultad de reír, y en el inestimable arte de hacer reír a otros.

Lo ha proclamado con triunfo.

-Mira este anillo. -El hombre montaña me muestra un discreto anillo que lleva en su mano derecha. El metal plateado está coronado por una pequeña piedra de color rojizo. Entonces me explica-: Un amigo me lo fabricó con una pequeña piedra que encontré en la playa. El procedimiento fue muy interesante: puso la piedra en una máquina, donde fue presionada y tallada con otras piedras por un espacio de tres semanas. Al sacarla de allí se había vuelto lisa y brillante. Jamás olvidaré las palabras de mi amigo al entregarme este anilló: "El arte de pulir piedras, me dijo, consiste en saber exactamente cuánta fricción y cuántas vueltas necesitan para hacerlas brillar". Te lo aseguro, hijo mío, el dolor es un experto en extraer brillos de las piedras más rudas.

Durante un buen rato me debato con la duda, antes de preguntarle con mucho temor:

-¿Quiere decir que incluso la terrible pérdida que usted padeció formó parte de ese proceso de pulido?

-Estoy convencido de ello. -Me contesta de inmediato-. Desde esa experiencia fui mucho más indefenso y vulnerable. Pero a partir de entonces distinguí el trigo de la paja y también la cizaña y apreté contra el suelo mis pies, decidido a afirmarme para no desmoronarme. -Ha puesto su mano sobre mi hombro y su intensa mirada refuerza a sus palabras- Allí pude comprobar que nunca una noche ha vencido al amanecer, y nunca un problema ha vencido a la esperanza. Si mi vida desprende algún fulgor se debe, indudablemente, a momentos como ese.

Y mientras lo dice, sus múltiples arrugas reverberan con destellos de todo color. El hombre montaña, estoy seguro, es ajeno al brillo que irradia, pero yo tengo que pestañear para combatir el deslumbramiento

-¿Quiere decir que la vida, para tener sentido, debe estar envuelta en sufrimiento...?

-De ninguna manera. - Me interrumpe con inusitada vehemencia -. La vida está tejida con hilo de gozo; es, por encima y por debajo de todo, alegría. Hay millones de buenas cosas que nos suceden o que podemos gozar y que son gratis: el olor de la hierba recién cortada, el aroma inacabable de las flores, las nubes que ni un solo segundo son idénticas, la ternura con que el sol besa la piel en una suave primavera. Decididamente, cuando la vida nos presenta mil razones para llorar, podemos demostrarle que hay mil y una para reír. Hay personas - no yo - que están convencidas de que hemos nacido para sufrir, que el mundo es un valle de lágrimas. Siento por ellos una gran compasión. Que nazcamos para sufrir es una infame falacia, la diga quien la diga. El fanatismo del dolor, me provoca arcadas.

-Pero lo cierto- le rebato - es que en el bello lienzo que usted pinta de la vida, hay muchos rincones oscuros y demasiados recovecos a los que la luz no alcanza. El dolor es un hecho que no podemos negar.

-El dolor es un hecho; la alegría de la vida otro, y ambos son compatibles. -Me mira y afirma con la cabeza al añadir- Estoy convencido de que tenemos sobradas razones para entonar el Aleluya, por más que en puntuales ocasiones las circunstancias nos inviten a cantar el Miserere. Ante los males que ensombrecen nuestra vida, deberíamos intentar responder con el arma letal y juiciosa de nuestra sonrisa. Lo aseguró Lutero: Mi risa es mi espada, y mi alegría, mi escudo. La risa no es nunca un ruido vano.

Ahora él ríe, y luego continúa.

-¿Nunca has oído hablar de las múltiples bondades de la risa? –No espera mi respuesta. Y añade- Una buena carcajada activa la circulación sanguínea, mejora la respiración, fortalece el corazón y puede poner a trabajar hasta a cuatrocientos músculos. La risa es un bálsamo contra el estrés e incluso una de las mejores medicinas contra la gripe o los problemas digestivos.

-Pero a pesar de ello -le confieso- me parece difícil reír en medio de la adversidad.

-Irás aprendiendo, hijo mío, que la auténtica risa brota a borbotones cuando su impulsor es la paz. Una paz que es, a su vez, fruto de una vida honesta y transparente. La alegría genuina no se sustenta en la euforia que una salud perfecta produce; ni tampoco en el sosiego artificial de una economía saneada. Guillermo Osuna dijo: *"No hay grito más desgarrador que el susurro de la conciencia intranquila."* El aspecto contrario también es cierto; la alegría tiene mucho de alma y está estrechamente relacionada con la paz interior que surge de una conciencia tranquila.

El día declina mientras él se incorpora y comienza a caminar: Mira al cielo, donde el sol se despide pintando el horizonte de rosa, e inspira profundamente antes de decir:

-La alegría, el regocijo, la risa... son hermosos regalos, pero también pueden serlo el dolor y el sufrimiento. Aunque tales presentes vengan envueltos en un empaque poco atractivo, no los menosprecies. No desprecies nunca el valor que tienen los tramos oscuros del camino. La noche descubre la dimensión real de nuestra llama, porque el carácter, igual que una fotografía, se revela en la oscuridad. En palabras de Arthur Golden: *La adversidad es como un ventarrón. Nos arranca todo menos lo que no se puede arrancar, y así nos vemos como de verdad somos.*

Una fuerte racha de viento se levanta sin previo aviso. Nuestros cabellos se agitan y el hombre montaña se aprieta dentro de su leve camisa. Luego me mira y me dice:

-Incluso la tempestad de viento, lejos de apagar nuestra llama, se convierte en nuestro aliado y nos ayuda a extenderla, inflamando todo nuestro entorno. No -Concluye con seguridad-, los mares tranquilos nunca formaron marineros hábiles.

El néctar de la Reflexión

Llorar es un ejercicio siempre sano. Las lágrimas incorporan una enzima de acción bactericida que limpia los ojos.

No es distinto en el área emocional. Las lágrimas limpian el alma, y nos permiten ver más lejos que por un telescopio.

Se necesitan lágrimas para aprender a consolar, dolor para aprender a aliviarlo. Se precisa enfermedad para aprender a sanar.

BELLAS Y BESTIAS DEL MISMO CINCEL

"Si no está en tus manos cambiar
una situación que te produce dolor,
siempre podrás escoger la actitud
con la que afrontes ese sufrimiento."

Viktor Frankl

El día es hermoso y completamente despejado. Las nubes, que durante semanas han convertido el cielo en una lámina de estaño, se han retirado todas y luce hoy un sol radiante, tanto que he sucumbido a su seducción y me he aventurado a salir a la terraza. Una mezcla de trinos enloquecidos llena la atmósfera, como si todos los pájaros, ansiosos de sol, se hubieran emborrachado de luz. Brotan, despistados, los geranios, creyendo que es la primavera, pero las calles los desmienten luciendo sus galas de Navidad.

Todo discurre con calma, toda la posible en una casa que hospeda a la enfermedad. Pero, declinando el sol, también la calma lo hizo. No me cabe la menor duda, estoy cursando la difícil asignatura del dolor.

No lo imaginé en la mañana, cuando el sol me invitó al paseo. No pude entonces sospechar que a un día tan radiante le sucedería una noche tan oscura. Pero una vez más, y hoy como nunca, he comprobado lo agotadora que puede ser la inactividad. La impuesta, no la voluntaria.

Al verla regresar y echar la llave de la puerta - un gesto éste que siempre me inspiró sosiego: cuando en la noche damos por concluida la jornada y echamos el cerrojo dando la espalda a todo para mirarnos nosotros.- descubrí que no la giraba, la arrastraba, y luego arrastró sus pies acercándose al sillón. Vi en mi esposa a una mujer agotada.

Estremecido agaché mis ojos para toparme con mi imagen yaciente... permanentemente recostada. Ella no alcanza a llegar a tiempo a los sitios. Yo no tengo nada más que tiempo.

Nunca, en mi enfermedad, ha demostrado cansancio, y sé bien que no es porque no lo haya sentido; lo tiene, pero lo lleva a solas para evitar sobrecargar a mi ánimo abatido. Pero hoy no pudo evitarlo, cuando el vaso se está llenando es posible encubrir el nivel por la opacidad del cristal, pero cuando desborda es imposible ocultarlo.

Se ha sentado en el sillón sin atreverse a mirarme, unas palabras que no he entendido se escurrieron de su boca y luego ha llorado. Y lo ha hecho como yo más temo: apoyando su rostro en las manos y con una leve sacudida en el sollozo. ¡Que débil me ha parecido mi brazo sobre su hombro! ¡Qué inútiles mis palabras!

Miré a la terraza. Me pareció que había transcurrido una vida desde que la caricia del sol me reconfortara en la mañana. Luego la miré a ella que levantaba sus ojos encharcados y a través de las lágrimas suplicaba disculpas. Contuve mis lágrimas al ver las suyas para evitar que nuestras emociones desbordadas ahogaran a nuestras hijas.

¡Que duro es cursar en la práctica la asignatura del dolor!

Me he dormido abatido y ayudado por los sedantes.

Ni de encontrarme con el hombre montaña tengo ganas, pero, cerrar mis ojos y darme de bruces con él fue todo uno.

En mi sueño me saluda y yo, con mi ánimo abatido, respondo a su saludo con un gruñido indescifrable y camino a su lado hermético, utilizando monosílabos cuando es imprescindible una respuesta.

Después de un trecho que se me antoja muy largo, mi desconcertado acompañante utiliza la ironía para atacar mi ostracismo:

-Que alegre te veo... Hoy tuviste un gran día ¿verdad?

-Estoy harto de sufrir. –Replico con dureza. Y añado- Y sobre todo de ver sufrir a los que están conmigo.

El hombre montaña aprovecha el resquicio para lanzarse al asalto:

-"Es una pena que no aceptes la obra del divino escultor sobre tu vida."

-¿Del divino escultor o del divino destructor?" Soy yo quien, ahora, usa del sarcasmo.

-No deberías hablar así. –Me recomienda-. Mira, observa estas figuras.

Ha sacado de su zurrón dos pequeñas tallas de madera que caben perfectamente en las palmas de mis manos. Me fijo primero en la que sostiene mi mano derecha: representa a un varón joven que viste un grueso abrigo y envuelve su cuello con una bufanda. Sus manos, protegidas con guantes, sujetan un violín. Pero lo que más destaca, fuera de toda duda, es el dulce gesto de su rostro. Sonríe, no sólo con los labios, también con los ojos y con cada facción de su cara. Sin quererlo sonrío yo también; la alegre mueca de la talla se contagia. Nunca he visto una sonrisa tan perfectamente cincelada ni que proyecte tanta alegría.

La segunda figura representa también a un varón, pero la diferencia es notable: Sus ropas son ligeras, de las que se visten en pleno verano, pero su rostro es una lograda mueca de odio que inspira sobre todo miedo. Sus ojos, bajo dos cejas fruncidas, son pequeños y duros como puntas de alfiler. El fusil que empuña con ambas manos confiere a la escultura un acabado aún más perverso.

Me parece un contraste muy llamativo, pero no acabo de entender lo que el hombre montaña pretende transmitirme. Le miro y encojo mis hombros en un gesto interrogante.

El anciano se dispone a desvelar el misterio:

-Como puedes apreciar –ha tomado la talla de mi mano derecha y me la enseña- esta figura inspira paz y alegría, mientras que la otra infunde temor. Sin embargo ambas han surgido de pedazos de madera idénticos y fueron, además, formadas por el mismo artífice y esculpidas con el mismo cincel. Lo que estas esculturas transmiten es un principio que he visto cristalizado muchas veces en la vida real: Golpes iguales sobre dos piezas gemelas, logran resultados diferentes, en ocasiones hasta contrarios.

Empiezo a comprender lo que el hombre montaña intenta enseñarme. No obstante le dejo que siga hablando.

-Me refiero al cincel del dolor que moldea, perfila y construye las más diversas figuras. -Y el anciano concreta- He visto ángeles y demonios que han surgido del mismo taller. Bellas y bestias brotando de la fábrica del dolor. Nunca el resultado dependió del formón, ni de la mano que lo aplicaba, ni de la cantidad de golpes que éste profería; fue decidido siempre por el corazón que recibía sus impactos.

Muevo mi cabeza en un gesto de asentimiento. Pero el hombre montaña no ha concluido todavía:

-Es un principio ineludible: no nos es dado escoger los golpes del cincel, pero el resultado final siempre depende de nosotros. Fruto de un golpe surgió una llaga y de otro una flor. De este surge una alabanza y de aquel una maldición. El escultor es el mismo e idénticos los impactos, pero no así el espíritu con que el proceso se encaja. - Vuelve a exhibir las imágenes, y su delgado dedo señala a la risueña entalladura - Observa sus ropas: se encuentra en el corazón de un crudo invierno pero, con su violín, se dispone a henchir de música la gélida atmósfera. Este otro, sin embargo - señala ahora a la ligera ropa que viste la escultura ceñuda -, no encuentra en el plácido clima motivo sino para odiar y destruir.

-El dolor nos convierte en sabios o en ineptos, en dulces o en amargados. No es la situación que padezcamos, es la forma en que nos enfrentamos a ella. Ya lo ves, la conclusión no la escriben los golpes o las caricias sino el espíritu con el que los encajamos. El cincel sana o mata, al igual que el mismo sol que da vida destruye con sus flechas de oro: Hiere y cura. Lleva en la acerada punta de sus saetas el veneno y el néctar de la vida. Asimismo el dolor puede ser un verdugo o un maestro, un pretorio que nos alce, o un foso que nos trague.

Estoy asimilando la enseñanza, pero aún hay determinados aspectos que precisan ser puntualizados.

-Hombre montaña, a lo que usted se está refiriendo es al dicho popular al mal tiempo buena cara. ¿No es cierto?

-Sólo en parte - Me responde -. Más que a una sonrisa pasiva frente a la tormenta estoy refiriéndome a una actitud de fe frente a la adversidad.

Yo asiento con la cabeza; alentado por mi actitud receptiva el anciano continúa:

-Un poco de sufrimiento asumido, no del que se soporta con amargada resignación, es el abono que otorga fecundidad a una vida. Pero ningún sufrimiento no asimilado nos convierte en más fuertes, ni maduros. Por el contrario suele provocar la rebeldía. El dolor aceptado ablanda y dulcifica; pero el no asumido endurece y amarga. Cerrar el corazón en los días de dolor es una actitud equiparable a la del niño inmaduro que reniega de las lluvias que se vierten sobre el campo, sólo porque estas le impiden salir a jugar a la calle, ignorante de que a ellas debe las jugosas frutas y verduras que le proporcionarán alimento. -Su voz grave destila seguridad -. Sería imposible la subsistencia sin una alternancia del sol y la lluvia. También en los campos del alma precisamos luces y sombras; inviernos y primaveras. Cerrar el corazón al dolor es cerrar el corazón a la vida. Bien poco enseñó la vida a quien no le enseñó a soportar el dolor.

Todo es útil –sigue diciendo-, quizá hasta el gozo, quizá hasta la vida regalada, quizá hasta la ausencia de contradicciones; pero sobre todo el dolor. El sufrimiento en sí es torpe y feo y humillante como una mala digestión; pero al convertirlo en tu aliado descubres que es un trampolín que te lanza a nuevas conquistas y una escalera para alzarte a cumbres de gloria. Asumir el dolor es rentabilizarlo; es convertir en agua de riego la más terrible tempestad.

Estoy convencido de que cuando el dolor (sea el que sea) nos convoca, no hay que escurrir el bulto sino sacarle el máximo partido: abrazarlo y asumirlo y hacerlo sangre nuestra, no pérdida de sangre.

Las flores del valle de la aflicción que se abren a la humedad de las lágrimas propias, serán pañuelos que enjugaran las ajenas. – Casi ríe al decirlo. Y añade -: los pasos tímidos e inseguros, dados en el corazón de la noche, alumbrarán como lámparas incandescentes, desterrarán sombras, inaugurarán días y abrirán la puerta a preciosas primaveras.

Está guardando las figuras de madera en su zurrón, y se detiene pensativo mirando al árbol bajo cuya sombra hoy nos hemos sentado.

-Estoy convencido -No hay un ápice de duda en su voz- de que la práctica totalidad de árboles robustos que ofrecen al mundo su cobijo y su sombra se han formado en condiciones extremas. Parece que cuando mayor es el embate de la naturaleza más se obstina el árbol por vivir. Hinca sus raíces y bebe con anhelo, y su tronco, entonces, se arruga, pero crece hasta conferirle la robustez de un coloso. -Y añade mirándome fijamente- Indaga en la vida de aquellos a los que admiras por su labor, de cuantos te sorprendieron por su capacidad para ayudar...

indaga en sus vidas y acabarás tú también persuadido de esta realidad.

He estado a punto de decirle que ya estoy convencido de ella, pues me encuentro ante un vivo ejemplo de la veracidad de su teoría, pero no me deja hacerlo pues ha puesto su mano sobre mi hombro y mantiene sus ojos en los míos al decirme:

-Si la vida me hubiese conducido por caminos más llanos, más aseados y gozosos, no estaría aquí ahora, en este ambiente sosegado, compartiendo mi experiencia contigo. Las ocupaciones venturosas hacen placentera la vida pero las que produjeron dolor son simiente de conocimiento y sabiduría. Siempre desconfié de lo sencillo y de la cuesta abajo, probablemente con razón.

Sus arrugas liberan brillos cegadores, como pequeños cofres abiertos que exhiben sus tesoros.

Me invita a levantarme y juntos desandamos el camino acercándonos al horizonte ya tan conocido, y que es hogar del hombre montaña. Mientras sus pies se arrastran, sus palabras se alzan mecidas por la suave brisa del atardecer.

He despertado llorando, y de inmediato he recordado que anoche concilié el sueño cansado también de llorar. Pero fueron lágrimas de amargura las que ayer humedecieron mi almohada, mientras que es el gozo el que ahora empapa mi alma y fluye por mis ojos en esta apacible mañana.

He decidido asumir el dolor convirtiéndolo en mi aliado. Me acomodaré en la fragua mientras el bendito herrero culmina su proyecto. Porque el cielo jamás está ajeno a aquellos que cursan estudios en la universidad del dolor.

El néctar de la Reflexión

La noche revela la dimensión real de nuestra llama, y el viento tempestuoso, lejos de apagarla, se convierte en nuestro aliado, al inflamar con ella todo nuestro entorno.

EL VENENO DE LA AUTOCOMPASIÓN

*"La tristeza es un don del cielo,
el pesimismo es una enfermedad del espíritu."*

Amado Nervo

El camino está resultando hermoso, pero en modo alguno fácil. Tan pronto me veo alzado a cumbres de gloria como percibo que el suelo se abre y sucumbo en el vacío. Por momentos me siento guarecido en un refugio inexpugnable y al minuto siguiente observo las paredes de mi alcázar derruidas. Y luego reflexiono que si me tumban la casa de un manotazo es porque se trata de un castillo de naipes.

Desde luego que siguen siendo las noches lo más difícil. Doy muchas vueltas en la cama antes de dormir y en el enervamiento de la vigilia se reproducen los diálogos del día y las conversaciones telefónicas.

También aparecen en mi mente las atenciones y llamadas telefónicas esperadas y no recibidas y son sobre todo estas últimas las que más me angustian: aquellos con los que fui solícito en mi salud y me desamparan ahora en mi enfermedad; las manos que llené cuando tenía algo que ofrecer, y ahora se retraen, cuando más las necesito; las voces que reclamaron mis fuerzas, cuando las tuve, y ahora se silencian de forma prodigiosa. Y así paso las horas, cabalgando en un tropel de pensamientos que llegan a atormentarme y tomando plena conciencia del oscuro sentimiento de derrota que la enfermedad inculca en mi corazón.

El hombre montaña aguardó paciente a que cesara en mi galopada y cuando, agotado, concilié el sueño, de inmediato asomó por su horizonte.

-Hola, hijo.

El sosegado matiz de su voz es refrescante, como una lluvia muy fina que apacigua mi ánimo enardecido. Me ha recibido con una ternura tan elocuente que todas mis defensas han cedido y poco después de nuestro encuentro ya le he contado todo lo que me angustia, haciendo un énfasis especial en la actitud decepcionante de aquellos cuyo amor se hace el desentendido en estas etapas en que uno precisa de una dosis especial de atención.

-¿Sabes, hijo? -Ya siempre emplea ese delicioso titulo para dirigirse a mí- Pocas cosas son tan inspiradoras como estar al lado de un feliz sufriente.

-¿Un feliz sufriente? -La expresión me parece incoherente- ¿Quién puede ser feliz mientras sufre?

-Aquel que ha convertido el sufrimiento en un hábil escultor, y que ha sido capaz de extraer de la roca del dolor un monumento a la felicidad.

Su respuesta me ha impresionado, pero pongo mucho cuidado en no demostrarlo.

-Supongo -Le digo en tono socarrón-, que esa debe ser una especie en peligro de extinción; yo no he tenido el placer de conocer a ninguno.

-Yo, sin embargo, si he tenido el privilegio de ser revestido de fortaleza junto alguno de ellos. -Me dice. Y añade-: Son personas a las que te acercas con la intención de brindarles ayuda, pero sales de su habitación definitivamente ayudado. Acudes con el traje de doctor y regresas con el de paciente; de paciente confortado.

Nunca olvidaré -Me explica- la emotiva visita a un enfermo: Un cáncer se había instalado en sus cuerdas vocales. Fue necesario intervenirle, y, en la cirugía, la laringe fue vaciada, y las cuerdas vocales extirpadas. De camino al hospital intentaba escoger las palabras con las que dirigirme a quien yo sabía que no podría responderme.

Me detuve en la puerta con cierto temor y, haciendo acopio de fuerzas, logré asomarme. Fui recibido por una deslumbrante sonrisa tras la que había un feliz sufriente. Su dedo índice señalaba con insistencia al cielo -Imita los gestos, reviviendo la escena-, luego se apuntaba a sí mismo y por último unía ambos brazos formando una cuna que mecía con extraordinaria dulzura. De inmediato entendí el mensaje: en ese momento de dificultad se sentía cuidado y mecido con inefable dulzura. Ese gesto resultó más elocuente que cualquier frase que hubiera podido pronunciar de no haber perdido la voz, y su sonrisa fue más cautivadora que el mejor discurso. En el quirófano perdió la voz, pero le fue otorgado un don mil veces superior. Al ser desgajada una flor mil brotes surgieron.

El hombre montaña ha hablado con deleite, como recreándose en el recuerdo; pero ahora su rostro se ensombrece y me mira con gesto triste:

-La actitud opuesta es la autocompasión: Sentir lástima de uno mismo y recrearse en ese sentimiento. Rebozarnos en nuestro mal y acampar en la cúspide de nuestra desgracia. Se trata de un dulce veneno de fácil ingestión pero difícil eliminación. Impregna el paladar de un sabor dulce pero acaba amargando la vida entera. Cuando quedé sólo -Dice refiriéndose a su repentina viudez-, la primera lección que tuve que aprender, la más urgente de asimilar, fue que mi cruz no era la más pesada ni mi dolor el más intenso. Con frecuencia otorgamos a la penumbra el nombre de tiniebla y a una incómoda molestia el título de dolor, sólo porque somos nosotros quienes lo padecemos. Confieso -Dice, mirándome con fijeza- que ese error yo también lo cometí.

-Cuando la prueba me envolvió di la espalda al mundo y, en rigor, pasé unos días sentado en un sillón de miseria, frente al espejo que reproducía mi desdicha. De ese modo conseguía no olvidarme jamás de mi sufrimiento y lograba además permanecer ajeno al de los demás. Los mejores amigos me llamaban al orden: "no te dejes llevar por el desánimo... debes sobreponerte al desaliento..." Esas sencillas palabras me hicieron ver que había otros placeres sutiles en el mundo, además de los habitualmente conocidos: ser compadecido, provocar lástima. Fue todo un descubrimiento: atribuirse un sentimiento de dolor tan fuerte como nadie en el mundo había sentido era otra manera de parecer importante.

Las palabras del hombre montaña me desconciertan. Su confesión representa un arranque de sinceridad para el que no creo estar aún preparado. No me imagino al hombre montaña erigiéndose en mártir y engordando su ego con las muestras de compasión de quienes le rodean.

De repente estoy descubriendo que mi maestro no resulta tan sabio, ni es tan loable el espíritu del admirado anciano. Tal vez descubre la perplejidad en mi rostro, pero sin inmutarse prosigue con su confesión:

-Uno puede llegar a ser un maestro en el oficio, catedrático de la afectación, un profesional de los gestos y actitudes que evidencien la pena. -Sospecho que sigue hablando de si mismo-. La ostentación del dolor llega a convertirse en una meta y lo mismo se finge no comer como se renuncia al dormir para lamentarse luego de las largas noches en vela y del insoportable insomnio. Al comediante del dolor le hace feliz el desasosiego de los demás. Lo peor es que resulta un proceso tan deplorable como peligroso. Primero se percibe que el abatimiento que nuestro pesar produce en otros unta de miel nuestro paladar. Pero el hábito, adecuadamente alimentado, deja de ser un capricho para convertirse en necesidad. Ya lo dijo Gustave Flaubert *"Cuidado con la tristeza. Es un vicio."* Si esa actitud no se combate puede rozar el terreno de lo patológico. El dolor se convierte en la droga que buscamos con ansia; en una compañía de la que no podemos prescindir. Si no lo fabrica el cuerpo, la mente se ocupa de producirlo (o de imaginarlo). Entramos en un estado en el que nos resulta imprescindible provocar la compasión y no toleramos que el resto ignore nuestra desdicha - Baja el tono de su voz, y crece mi atención -. El dolor convertido en droga es un serio peligro para la estabilidad de las familias porque nos transforma en seres egoístas que premeditadamente ignoran la realidad de que ni su cruz es la más grande, ni la más pesada, ni probablemente sea siquiera una cruz.

Lo más lamentable es que todo resulta una trampa: Es el engaño de la autocompasión. Una mentira que nos puede aislar de todo y de todos, porque cuando la novedad del sufrimiento pasa, el sufriente se queda con su dolor a solas; sus ardides y actuaciones dejan de impresionar y entonces el duelo fingido, al ser compartido únicamente con la soledad se convierte en dolor real, pero ahora ya no afecta a nadie. Ningún atajo es más rápido para la soledad como el dolor que acaba por desleírse en autocompasión.

Ahora me mira directamente. Como si supiera que su confesión conecta directamente con los incómodos pensamientos que me ocuparon justo antes de dormir.

-Estemos muy atentos a nuestra actitud en los tiempos de prueba. ¿Cómo nos comportamos con los demás? La llamada telefónica o la agradable visita de un amigo ¿Dejan de ser para ellos una opción y las elevamos al grado de obligación? No convirtamos el dolor en una moneda de cambio: Yo pongo el sufrimiento y los demás me compensan con sus cuidados y solícita ayuda. Dejemos a los otros la opción de ayudarnos -remarca-. La opción, no la obligación. Recibamos las atenciones con gratitud y, cuando falten, comprendamos las circunstancias que pueden impedir que éstas lleguen.

La vergüenza convoca a la sangre en mis mejillas. Hace un momento reprochaba interiormente la actitud autocompasiva del hombre montaña, y ahora descubro con total claridad que he sido yo quien ha ostentado una actitud quisquillosa, exigiendo la atención de cuantos consideraba cercanos.

-Conozco por experiencia -prosigue el hombre montaña- que algunas cosas provocan un dolor lacerante en el tiempo de prueba: El teléfono mudo se convierte en un tormento. El buzón vacío emite cien misivas dolorosas. Paul Valerie efectuó un perfecto diagnóstico cuando dijo: *"La amargura procede casi siempre de no recibir un poco más de lo que se da: el sentimiento de no efectuar un buen negocio."* La sensación de haber sido olvidado, especialmente por aquellos a quienes siempre tendiste las manos, puede ser una espada que atraviesa el corazón hasta partirlo - Definitivamente conoce a la perfección mis sentimientos -. Pero has de saber que hay desamparos humanos que han sido prescritos. Sin dejar de ser dolorosos, son medicina que sana. Hay tramos del camino que deben recorrerse en la soledad más absoluta porque la voz amiga que aporta compañía puede suponer una interferencia a otra voz. Es, a veces, en la soledad (la impuesta, no la que forcemos nosotros) cuando con más nitidez se percibe el susurro de nuestro interior. La soledad puede ser la sala de audiencias de Dios. ¿Te dice algo todo esto? -De sobra sabe que sí, por eso concluye sin esperar una respuesta-. No culpes a tus compañeros. Disculpa su aparente indiferencia y asume que hay trechos tan angostos que necesariamente deben recorrerse a solas.

Las palabras del hombre montaña han representado un diagnóstico perfecto del mal que me aqueja; pero me siento incapaz de atajar la infección. Creo que carezco de medios, y así se lo confieso al hombre montaña:

- Sus palabras, hombre montaña, me hacen consciente de que algo no marcha bien en mí. Pero no sé como arreglarlo. Desconozco como conseguir que esos incómodos sentimientos de desamparo y hasta de enojo hacia los que me hacen sentir desatendido, dejen de afectarme tanto como lo hacen ahora mismo

- Aprecio mucho tu sinceridad, hijo mío. Reconocer un error supone haber recorrido la mitad del camino para enmendarlo. Te diré que sólo conozco un antídoto efectivo: inocularse el amor en las venas. ¿Sabes que la palabra amor es un verbo que define una acción, y no un sustantivo que describe un sentimiento? Eso significa que amar a los demás es interesarnos por ellos y comenzar a ayudarles. La mejor terapia para que sanen las heridas propias es fijar nuestra atención en las ajenas. Mi llaga dejará de sangrar cuando preste mis manos a la labor altruista de vendar otra herida. Este es el secreto – Habla con una seguridad irrebatible-: Amar más. Cuando se ama más se exige menos; nos entregamos a otros y no sentimos decepción si nuestra dádiva no encuentra contrapartidas. La verdadera compensación está en el mismo hecho de dar, y no sólo en dar lo que tenemos, sino en darnos nosotros mismos. No olvides esto: Te hará rico el pobre a quien socorras. Saludable y fuerte te hará el enfermo a quien atiendas - Ha cerrado sus ojos y recita-. Dormía..., dormía y soñaba que la vida no era más que alegría. Me desperté y vi que la vida no era más que servir... y el servir era alegría. -Me sonríe y pregunta-: ¿Habías oído alguna vez esas palabras de Rabindranath Tagore?

He amanecido con las últimas palabras del hombre montaña haciendo eco en mi mente. Este tiempo de dormir me ha despertado a importantes realidades.

Me sorprendo al recordar los incómodos pensamientos que anoche me torturaban y una oleada de vergüenza enciende mis mejillas. ¿Cuándo aprenderé, por fin, lecciones tan básicas? Casi de inmediato, un sentimiento de alivio dulcifica la sensación, mientras unas palabras del hombre montaña flotan en mi conciencia: "*A veces se trabaja toda una vida para avanzar apenas un metro, pero así crecieron las grandes montañas, avanzando siglo a siglo, metro a metro.*" Creceré, estoy seguro, y podré ejercitar lo que ahora aprendo.

El néctar de la Reflexión

Una mínima magulladura degenera en horrenda herida a fuerza de contemplarla con ánimo autocompasivo, pero el dolor más terrible se suaviza de inmediato cuando entregamos nuestras manos a la labor de sanar las heridas ajenas.

UNA PODA NECESARIA

"El talento se educa en la calma
y el carácter en la tempestad."

Johann W. Von Goethe

Hace unos minutos que nos hemos acostado. En la casa reina el silencio.

Apagadas las luces y abatidas las cortinas medito en los momentos que acabo de vivir en torno a las camas de nuestras hijas: ¡Que deliciosas son las tertulias familiares con las que clausuramos el día! Las celebramos siempre en la habitación de las niñas, cuando ellas ya están preparadas para dormir. Suelen ser momentos repletos de interminables conversaciones, y con frecuencia de bromas y risas.

Luego todo discurre, casi siempre, de la misma manera: la mayor se acuesta y ordena cuidadosamente su cabello sobre la almohada; queda con sus ojos orientados al techo pero con su atención fija en nosotros. La más pequeña, sin embargo, retrasa hasta el límite el momento de introducirse en la cama, como si sintiera pánico de la almohada. Convierte en una lentísima ceremonia la colocación de sus gafas y su reloj sobre la mesilla. A continuación procede a sujetar su cabello con una coleta; ni los peinados más sofisticados precisan de tanto tiempo. Luego vendrá la consabida petición de agua, y en medio comentarios de todo tipo y color. Todo sirve con tal de prolongar un poco más el encuentro familiar.

Por fin todo está en orden, la conversación y los juegos concluidos; pero cuando vamos a cerrar la puerta su fino timbre de voz nos alcanza, envolviéndonos en una deliciosa letanía:

"Hasta mañana si Dios quiere."
Aguarda nuestra respuesta y luego continúa:
"Que descanseis bien."
Correspondemos y ella prosigue:
«Os quiero mucho.»
De nuevo espera la contrapartida antes de decir:
«Sois los mejores padres de todo el mundo.»

Silencio y expectativa. Una vez que la comunicamos que ella y su hermana son las mejores hijas del mundo, viene la palabra con la que sella la despedida:

«Gracias.»

Este bello ceremonial se ha convertido en una mutua necesidad; en algo que ella precisa y de lo que nosotros no podemos prescindir.

Hoy la despedida ha estado impregnada de una emoción especial pues hemos cerrado la velada con la firme decisión de que, en cuanto amanezca, volcaremos las cajas que contienen los adornos navideños y vestiremos la casa con las galas de Navidad.

Sé bien que tendré que asistir al acto desde una inmovilidad casi absoluta en el sillón del salón, pero no me importa; será, sin duda, bello.

Puede ser que la hermosa expectativa con la que me dormí haya influido en las especiales características del sueño de esta noche:

Para empezar el hombre montaña no apareció por su particular horizonte, ni nos hemos encontrado en el descampado habitual. La escena de hoy se desarrolla en un delicioso vergel: Todo es bello en este lugar: el delicado lenguaje de los pinos mecidos por la brisa, los vuelos y gorjeos de los pájaros que al escuchar mis pasos callan de repente, los matizados líquenes o el musgo de las piedras. Todo es hermoso, y en especial ese arroyo que desciende rumoroso de las cumbres nevadas. La espesura del monte esconde su nacimiento, pero su apariencia cristalina desvela que el río nace en un foco de pureza y se abre camino brincando sobre las piedras y arrastrando pequeñas ramas.

En un desnivel del terreno el agua se precipita, estrellándose en el fondo y acentuando el volumen de su canción al convertirse en espuma y en mínimas partículas.

Qué hermosa sinfonía... Es precioso callar absolutamente para dejar que hable la naturaleza.

Tan extasiado estoy en el paisaje que no le he visto a mi lado. Tampoco él parece interesado en mí; está disfrutando tanto como yo de la singular escena. Ni siquiera me habla cuando le miro. Nuestra voz puede romper el encanto exclusivo de este concierto que la naturaleza nos dedica.

Le sigo, sin embargo, cuando camina, y me detengo junto a él en una amplia extensión, sembrada de pequeños troncos, ordenados en hileras y podados hasta el límite.

Me parece una grotesca exposición de muñones severamente mutilados.

-Es una viña. -Me informa el hombre montaña. Y luego me explica-. Semanas atrás cada una de estas cepas que ahora apenas asoman y lucen oscuras, estaba cubierta por grandes hojas y ostentaba ramas muy largas de las que pendían enormes racimos de uvas. Pero hace algún tiempo el agricultor las ha podado.

El hombre montaña me señala a un extremo del campo en el que los sarmientos cortados forman una montaña lista para arder.

Me agacho a observar el mínimo tronco que apenas asoma de la tierra; los pámpanos han sido seccionados casi al límite de su nacimiento. No acabo de entender tal exceso.

-Pero ¿Cómo es posible tal ensañamiento con una planta que ha dado lo mejor de sí? ¿No se ha excedido el agricultor en el uso de sus tijeras?

-No te precipites en tu juicio. -Me recomienda-. El ama a su viña y la cuida. ¿Te has dado cuenta de la ubicación del plantío? Se encuentra junto a un arroyo de aguas cristalinas. -El pequeño torrente, cerca de nosotros, sigue entonando su exclusiva melodía- Jamás aplica a sus vides un trato doloroso de no ser necesario. El dolor gratuito no existe en los proyectos de este agricultor; pero el proceso de la poda es ineludible y absolutamente sano.

Se aleja un poco y me pide que le siga. Ahora me señala a una vid que ha crecido libre. Está en medio del campo, desamparada pero intacta; ninguna de sus ramas ha sido cortada y estas crecen sin control, enredándose unas en otras y confiriendo a la planta un aspecto terrible.

-Aquí lo tienes -Su dedo, hoy extraordinariamente delgado y ligeramente tembloroso apunta hacia la planta-. Esta vid no ha sido mutilada; pero no fue el amor, sino el abandono, lo que la ha librado del proceso. Porque esta vid no tiene dueño.

Me agacho de nuevo; ahora a contemplar el desamparo. Mis dedos intentan desenredar las ramas que han crecido sin control y sin límite alguno, pero es casi imposible.

-Nunca -Añade el hombre montaña- esta vid dará el apetecible fruto que entregarán aquellas que ahora parecen muertas. Cuando llegue la primavera retoñaran, y bajo el cálido sol del verano el fruto incipiente irá madurando y cada pámpano lucirá hermosos racimos. Todo será consecuencia de los cuidados, a veces duros e incomprensibles, pero siempre necesarios, que el agricultor ha aplicado a su viña. Esta, por el contrario, sólo acumulará, año tras año, ramas intactas que, al no ser podadas, absorberán la energía que precisa el fruto para crecer. La distancia de la tijera la alejara a ella de la posibilidad de ser fructífera. -Quiebra con sus dedos uno de los secos sarmientos mientras me dice- Estar intacto no es garantía de estar sano. La ausencia de lágrimas es, con frecuencia, síntoma de otras carencias mayores.

Me palmea el hombro con su mano - una mano temblona, sarmentosa, de venas prominentes, seca como un rastrojo, y que, sin embargo, infunde fuerza - y luego levanta su dedo índice, para enfatizar sus palabras.

-La poda es necesaria para la vid. Como la noche es necesaria para la vida. Alguien me dijo que odiaba la noche porque todo en ella se paraliza. Que error tan grande. La noche no paraliza nada, por el contrario, es en ella precisamente donde se ordena el día. - Me mira con ternura -. No te equivoques, hijo. La noche no nos quita movilidad, sólo nos resta velocidad, y eso es con frecuencia lo que más necesitamos. Es más difícil correr en la noche, pero podemos caminar, y, te lo aseguro, caminando con prudencia se llega más lejos que en una alocada carrera.

Nos levantamos y caminamos dejando atrás el viñedo. Cada vez se escucha más tenue el rumor del arroyo, hasta que deja de oírse totalmente. Luego me indica que debo detenerme. Sus ojos me sonríen en la despedida, pero la humedad en sus retinas es hoy especialmente acusada.

Al mirarle puedo apreciar que el anciano ha envejecido mucho desde la primera vez que le vi; una frase acude a mi mente: "cuando el arquitecto es bueno las ruinas son hermosas." Porque él, que es todo piel y huesos, exhibe, sin embargo, una incuestionable belleza.

Se aleja unos pasos y luego se detiene. Me mira de nuevo con una intensidad irresistible. Luego, un poco vacilante, como quien se repone de un desmayo, o como quien transporta una carga excesiva, se aleja lentamente, con la temblorosa cautela de la vejez extrema... Tiemblo, casi descontroladamente, al percibir qué el hombre montaña se despide para siempre.

Intento correr hacia él y el esfuerzo me despierta.

Sigo temblando sobre mi cama y estoy empapado en sudor. Al abrir las ventanas una suave brisa seca mi frente. El sol comienza a asomar y en la quietud del aire se adivina un doce de Diciembre templado. Apoyado en el alfeizar respiro profundamente y pienso en la vid desamparada, su sólo recuerdo me emociona. Intimar con el dolor me está sirviendo para mucho, pero sobre todo para comprender a los que sufren. Escuchando ayer el relato de una aflicción ajena, me sorprendí de pronto al ver la imagen de mi interlocutor danzando en mis ojos encharcados. Su relato me había elevado de la atención a la emoción, y de ésta a las lágrimas. Me di cuenta de inmediato, de que no sólo estaba escuchando su historia, sino que mis pies pisaban junto a los suyos en el valle de su desdicha. El padecimiento propio está acentuando mi sensibilidad hacia el ajeno. Es como si el sufrimiento me sacara de mi estrecho mundo personal, para impulsarme al mundo de los demás.

Alguien lo dijo de otra manera al proclamar que nadie que siempre haya vivido en la luz, puede comprender a los que están en las sombras. Yo me atrevo a añadir que aquellos cuyos ojos están habituados a las sombras tienen una pericia especial para localizar a los que están inmersos en ellas y brindarles consuelo.

Aún cuando sólo fuera por esa circunstancia, ya considero como bien empleado este tiempo de prueba. Comparto firmemente la opinión de Martín Luther King cuando dijo. "*Si ayudo a una sola persona a tener esperanza, no habré vivido en vano*".

Sin duda el hombre montaña tuvo razón cuando dijo que las adversidades, del tipo que sean, no sólo infringen aflicción, sino que aportan también lecciones únicas. "Te lo aseguro - Afirmó con total acierto -, la tribulación es una extraordinaria maestra."

El néctar de la Reflexión

El proceso de la poda, en nuestra vida, es ineludible. Por más que las tijeras provoquen daño, están sanando. Llegará el momento en que nuevos sarmientos crecerán en lugar de los secos, que hoy son cortados; y un fruto apacible surgirá cuando pase el dolor.

Es de noche. La luna, redonda y blanquísima, exhibe su supremacía en el cielo. Observo las luces de la Navidad a través de una ventana que no es la mía, y he sustituido también mi cómoda ropa de estar por casa por un ridículo pijama que unifica el atuendo de cuantos estamos aquí.

Esta mañana proyecté releer este íntimo diario, exponer con mayor orden y detención mi testimonio; pero no será posible. Cuando disponía los papeles sobre la mesa, el teléfono sonó y una voz nada cálida, absolutamente profesionalizada y fría, me instó a personarme en el hospital; mi cama estaba lista y el quirófano aguardándome.

Así es la vida: la esperada llamada llega precisamente cuando ya uno no la espera. He recogido mis papeles y te envío el testimonio como está, amontonado sin concierto, o con el íntimo y desordenado concierto con el que fue fluyendo. Siempre me ha gustado usar de más meticulosidad y redactar con pormenores, pero en esta ocasión tendrá que ser así.

Las luces del árbol navideño me guiñan desde el jardín de esta residencia hospitalaria. Ya vislumbré antes la Navidad desde el cuarto de un hospital, pero fue siempre con el traje de visita... hoy la miro con la ropa del enfermo y descubro que las brillantes luces de colores que hacen festivas las calles e íntimos los hogares, también alumbran las ausencias y las tornan gigantescas.

Mi esposa acaba de marcharse, mis hijas están en casa y yo estoy sólo... y con deseos de llorar. Pero a punto de hacerlo caí en la cuenta de que la hora más sombría de la noche es la que precede al rompimiento del alba. Mi estancia aquí supondrá, con toda probabilidad, una de las últimas pendientes en este singular trayecto en el que todo está resultando extraordinario, aunque en absoluto fácil. Algo así como el impenetrable bosque que ofrece una vista hermosa cuando se contempla desde lejos, o desde lo alto del monte; pero cuando uno está en el corazón de la espesura, donde apenas llega luz y los formidables troncos arrojan sombras siniestras, entonces no es tan bello... entonces estremece.

Albergo la íntima sensación de que estoy tomando las finales curvas de este túnel. Pronto coronaré la cima, y contemplaré la frondosidad del bosque desde la mejor perspectiva. Y, a decir verdad, la travesía no fue tan tenebrosa, pero sí indeciblemente fértil.

Dios lo hace todo bien y en su tiempo exacto, no en el nuestro. También en esto El es sabio.

"Enjugará Dios toda lágrima de los ojos de ellos, y ya no habrá más llanto ni clamor ni dolor, porque las primeras cosas ya pasaron."

(Apocalipsis 21:4).